Engajamento no **trabalho**

Engajamento no trabalho

Wilmar Schaufeli
Pieternel Dijkstra
Ana Claudia Vazquez

© 2010 Thema, Zaltbommel

© 2013 Casapsi Livraria e Editora Ltda.
É proibida a reprodução total ou parcial desta publicação, para qualquer finalidade, sem autorização por escrito dos editores.

1ª Edição	*2013*
Editor	*Ingo Bernd Güntert*
Coordenadora Editorial	*Marcela Roncalli*
Tradução e Adaptação	*Ana Claudia Vazquez*
Revisão Técnica	*Claudio S. Hutz*
Preparação de Texto	*Cristiane de Paula Finetti Souza*
Capa	*Carla Vogel*
Imagem de Capa	*Shutterstock*

Dados Internacionais de Catalogação na Publicação (CIP)
Angélica Ilacqua CRB-8/7057

Schaufeli, Wilmar
 O engajamento no trabalho / Wilmar Schaufeli, Pieternel Dijkstra, Ana Claudia Vazquez. - São Paulo : Casa do Psicólogo, 2013.

ISBN 978-85-99893-20-3

1. Motivação no trabalho 2. Funcionário 3. Organizações I. Título II. Dijkstra, Pieternel III. Vazquez, Ana Cláudia

13-0169   CDD 158.1

Índices para catálogo sistemático:
1. Trabalho – aspectos psicológicos

Impresso no Brasil
Printed in Brazil

As opiniões expressas neste livro, bem como seu conteúdo, são de responsabilidade de seus autores, não necessariamente correspondendo ao ponto de vista da editora.

Reservados todos os direitos de publicação em língua portuguesa à

Casapsi Livraria e Editora Ltda.
Rua Simão Álvares, 1020
Pinheiros • CEP 05417-020
São Paulo/SP – Brasil
Tel. Fax: (11) 3034-3600
www.casadopsicologo.com.br

SUMÁRIO

Introdução 7

**1 Engajamento no trabalho:
o que é e como reconhecer** 11
   1.1 O engajamento no trabalho 12
   1.2 Trabalhar com inspiração 15
   1.3 Motivação e significado positivo do engajamento
       no trabalho 17
   1.4 Quando falta entusiasmo 24
   1.5 Um quadro compreensivo do engajamento individual
       no trabalho 29
   1.6 Quem são os mais engajados 33

2 Como ocorre o processo de engajamento no trabalho ... 37
   2.1 As causas do engajamento no trabalho 37
   2.2 Consequências do engajamento no trabalho 42
   2.3 O Modelo recursos-demandas no trabalho 48

**3 O que um funcionário pode fazer para aumentar seu
engajamento no trabalho** 51
   3.1 Recomendações para os trabalhadores 52
   3.2 Recomendações para o gerenciamento
       das pessoas 79

4 O que uma organização pode fazer para aumentar o engajamento no trabalho 81
    4.1 Recomendações para as organizações de trabalho 81
    4.2 Recomendações para os colaboradores 98

5 A espiral positiva 101
    5.1 Intervenções que visam o bem-estar e o desenvolvimento humano no trabalho 101
    5.2 O contágio emocional 103

Referências 109

INTRODUÇÃO

A ideia de que o trabalho pode ser fonte de diversão e prazer parece-nos bastante plausível nos dias de hoje, mas não foi sempre assim. Por muito tempo, trabalho foi associado a sacrifício e, para a maioria das pessoas, o momento mais almejado da vida era a aposentadoria pois no gozo desta é que poderiam realmente começar a tornar a vida divertida. Além disso, as pessoas com deficiência eram rotuladas como 'incapazes para o trabalho' e com isso eram aposentadas por invalidez porque o trabalho era encarado como um fator negativo na vida delas já que estariam, inclusive, desabilitadas para qualquer atividade produtiva. Este conceito negativo de trabalho influenciou na diminuição da diversidade existente nas organizações, tornando as atividades rotineiras o centro do processo de trabalho e o planejamento das carreiras uma função orientada para aquelas pessoas que se mantinham no mesmo emprego por muitos anos.

Podemos acrescentar a este cenário a percepção vigente de que a segurança financeira era quase que um atributo divino devido às nefastas consequências econômicas e sociais do fim da Segunda Guerra Mundial. Era crucial que a estabilidade financeira fosse mantida a todo custo como meio de sobrevivência às intempéries da época. Citações como *"pelo suor do teu rosto tu comerás do pão"* (Gênesis 3:19) e *"mente vazia é oficina do diabo"*, se popularizaram e foram utilizadas para promover a mentalidade de que era necessário permanecer trabalhando firme, mesmo em situações em que a atividade laboral fosse desgastante, entediante e pesada. Nações arrasadas pelo pós-guerra se tornaram o contexto ideal para que o medo se instalasse como motivador-chave de uma produtividade associada à manutenção da sobrevivência pessoal. Ser considerado socialmente produtivo, então, significava abrir mão do que realmente se desejava fazer por um trabalho onde o esforço fosse remunerado. Já a aposentadoria se configurava na libertação das obrigações do trabalho e os aposentados, finalmente, poderiam ter a experiência de prazer e felicidade após tantos anos de esforço trabalhando.

Os tempos mudaram, assim como a mentalidade das pessoas e das organizações de trabalho, e o conceito de trabalho sofreu transformações juntamente com as mudanças nos ambientes econômicos e sociais da atualidade. Hoje as pessoas esperam mais do seu trabalho e são mais conscientes do que desejam em suas carreiras profissionais. Trabalhar para pagar contas e se alimentar já não são motivos suficientes para a maioria delas. Embora pessoas com deficiências tenham de se adaptar e, algumas vezes, comprovar sua eficiência para determinadas funções, sabe-se que várias formas de atividade produtiva são realizadas por elas de forma competente. As mulheres também se inseriram no mercado de trabalho de modo diferenciado, aumentando a diversidade nas organizações. Além do surgimento de novas oportunidades e outras formas de atividades produtivas, inclusive inserindo no mercado de trabalho pessoas antes discriminadas ou com menores condições de empregabilidade.

Tais mudanças transformaram o modo como as pessoas encaram o trabalho na atualidade. De modo geral, quem trabalha busca autodesenvolvimento, ação cooperativa e envolvimento em atividades prazerosas e de realização pessoal e foi nesse contexto que o termo 'engajamento no trabalho' emergiu para descrever pessoas que sentem prazer nas atividades profissionais que realizam e que buscam equilibrar seu trabalho positivamente em termos de saúde física e psicológica. Nessa perspectiva, o aspecto central está na associação do engajamento no trabalho à produtividade de modo positivo, sem que esse engajar-se signifique abrir mão da saúde física e psicológica. Do ponto de vista das organizações, o conceito de engajamento no trabalho que trataremos aqui ultrapassa a proposição de que o entusiasmo dos colaboradores é uma meta para aumentar lucratividade ou produtividade da empresa. O significado positivo do engajamento no trabalho pode se traduzir em resultado organizacional ou produtividade, em geral, essa relação é comumente observável; porém não é uma relação direta e depende de múltiplos fatores, os quais serão abordados neste livro. O que se deseja ressaltar são justamente os impactos da experiência positiva do engajamento no trabalho para as pessoas e as organizações.

Há uma preocupação presente nos sistemas de gestão de pessoas das organizações em relação aos impactos negativos do trabalho nos funcionários; em função disso, são planejadas e executadas diversas ações de prevenção do absenteísmo, adoecimento, estresse e síndrome de *burnout*. O investimento das empresas na prevenção do adoecimento expressa o cuidado em não exaurir os colaboradores e, ao mesmo tempo, dar conta das metas organizacionais de produtividade. Diversas pesquisas demonstram a relevância crucial das ações de prevenção e promoção da saúde nas organizações, especialmente quando estas são baseadas em evidências que permitem intervenções de múltiplos níveis (Zanelli, 2010). Não desconsideramos a importância desta abordagem, porém nosso objetivo neste livro é descrever positivamente o engajamento no trabalho ampliando o entendimento sobre sua relação com a satisfação dos trabalhadores. Neste sentido, pesquisas recentes têm demonstrado, por exemplo, que a efetividade de gestores que ressaltam os pontos fortes de seus colaboradores é quase duas vezes maior do que aqueles que não o fazem. É o que indica o estudo em uma indústria automobilística em que os pontos fortes dos colaboradores de diferentes equipes foram identificados. Em duas dessas equipes as tarefas foram reorganizadas de modo que cada um pudesse realizar as atividades para as quais estava mais capacitado. Seis meses depois, a produtividade destas duas equipes havia aumentado 50% em comparação às outras (Albrecht, 2010, Schaufeli & Salanova, 2008; Bakker, Van Emmerick & Eeuwena, 2006). Portanto, através da abordagem da psicologia positiva (Giacomini, & Hutz, 2009), iremos explicar o que significa engajamento no trabalho, como os colaboradores se engajam positivamente em suas atividades profissionais e como as organizações podem se tornar engajadas e, ao mesmo tempo, gerar ou aumentar o bem-estar no trabalho.

1 ENGAJAMENTO NO TRABALHO: O QUE É E COMO RECONHECER

É por meio da atividade produtiva que executamos em nosso trabalho que buscamos viver. Trabalhar é uma parte da vida, porém, mais do que obter dinheiro em troca do nosso esforço, o trabalho também pode trazer alegria e satisfação. Ter um determinado trabalho pode conferir um propósito específico à vida das pessoas e, até mesmo, revigorá-las. Ao trabalhar sempre aprendemos algo e, atuando em colaboração com outras pessoas, experimentamos também a sensação de pertencimento. A nosso ver, o trabalho não apenas **poderia** ter atributos positivos, mas **deveria** tê-los. Especialmente nos tempos atuais, quando trabalhamos por mais anos de vida, parece mais importante que prazer e satisfação estejam conectados às nossas atividades de trabalho. Trabalhar com envolvimento – e é isso que queremos enfatizar – é também denominado 'engajamento no trabalho'. Pessoas engajadas sentem mais satisfação e vigor no trabalho, dedicando-se mais às atividades propostas (Bakker, 2005). Elas estão totalmente imersas em suas tarefas e, mesmo quando estão muito ocupadas, parece que o tempo voa e o dia passa num piscar de olhos; exatamente como descrito por Csikszentmihalyi (1992) quando identificou o *flow* como uma experiência ótima de bem-estar no trabalho.

É preciso enfatizar que *engajamento no trabalho* é diferente de *estar viciado em trabalho*. Viciados em trabalho – também chamados de *workaholics* – sentem uma necessidade irresistível de trabalhar e dificilmente têm vida social fora do ambiente de trabalho. Eles **têm** que trabalhar, não sabem o que fazer além de trabalhar. Não é o caso das pessoas engajadas no trabalho, que se dedicam porque sentem prazer no que fazem e não porque sentem alguma compulsão interna para fazê-lo. Engajamento no trabalho não é somente um sentimento agradável; é também ser produtivo. Diversos estudos demonstram que pessoas engajadas se desempenham melhor no trabalho, assim como os setores que elas atuam apresentam melhores resultados (Bakker & Leiter, 2010). Isso não ocorre necessariamente com pessoas com compulsão ao trabalho, como é o caso dos *workaholics* (Schaufeli, Taris & Van Rhenen, 2008; Schaufeli, Taris & Bakker, 2008).

1.1 O engajamento no trabalho

Nesta seção discutiremos as características das pessoas engajadas no trabalho. Mais precisamente, o que é o engajamento no trabalho e como reconhecer quando estamos ou não engajados no trabalho. O reconhecimento destas características é importante especialmente para identificar aspectos positivos e o que podemos desenvolver como pontos fortes. Uma pessoa engajada percebe quando está inspirada ao identificar que sente prazer nas atividades que realiza e, consequentemente, seu trabalho é realizado de tal modo que ela e a organização são beneficiadas em algum nível. Reconhecer a carência deste engajamento é tão importante para a pessoa quanto para a equipe em que está inserida e a organização onde atua, e este reconhecimento é necessário para que a organização aja e faça com que as pessoas possam se sentir inspiradas e entusiasmadas no trabalho novamente. Para reconhecer o engajamento no trabalho, o primeiro passo é analisar três aspectos presentes neste conceito:

- **Vitalidade**: Pessoas engajadas se sentem energizadas, fortalecidas e vibrantes no trabalho. Elas sentem autoconfiança e dificilmente se desencorajam nas atividades que realizam, mesmo quando 'puxam seu tapete'.

- **Dedicação**: Pessoas engajadas se sentem conectadas ao trabalho e são entusiasmadas em suas tarefas. Elas realmente se importam com o que acontece no dia a dia do trabalho; assim como atribuem um significado positivo às suas atividades e sentem orgulho do que fazem.

- **Concentração**: Pessoas engajadas se sentem completamente imersas e absorvidas em seu trabalho e atividades. Elas são focadas, consideram seu trabalho desafiador, sentem tanto prazer nas atividades que desenvolvem que, geralmente, se esquecem do tempo quando estão trabalhando (Csikszentmihalyi, 1992).

TESTE A SI MESMO E AOS OUTROS

Para avaliar seu nível de engajamento no trabalho, você pode realizar alguns testes. Este capítulo apresenta alguns instrumentos que já foram aplicados em vários contextos e você pode preencher para si mesmo, para outros ou, ainda, pedir para que alguém o preencha por você. Este tipo de avaliação pode ajudar principalmente porque, em geral, as pessoas enxergam a si mesmas de forma distinta do modo como os outros a veem. Algumas pessoas, por exemplo, pensam que sempre ou muito frequentemente se desempenham melhor, trabalham mais, são mais agradáveis ou mais ativas que as outras; mesmo que objetivamente não o sejam. Esse fenômeno é denominado 'superioridade ilusória', e 'ilusória' se refere ao fato estatístico de que é impossível para todos ser melhor do que a maioria das outras pessoas. Em resumo, pode ser mais proveitoso que outra pessoa preencha o teste por você, pois mesmo que um observador externo não possa 'olhar dentro da sua mente' ele pode oferecer a você informações úteis que ajudariam a balancear sua visão pessoal de forma objetiva. Os testes que você encontrará aqui não foram simplesmente inventados. Eles são resultado de pesquisa científica, portanto passaram por testes de validade e fidedignidade, com amostras de pessoas em vários países do mundo. O que significa que seus resultados são confiáveis e sérios.

'Eu quero realmente fazer algo fora do meu trabalho'

Após se formar como secretária, Elis trabalhou em diversos escritórios eclesiásticos com entusiasmo e dedicação, mas parou de trabalhar quando teve filhos e passou a se ocupar ativamente com a realização de serviços voluntários na comunidade. Ela atuou como contadora de histórias e assistente de informática na escola de seus filhos, tesoureira do conselho e membro da diretoria de uma fundação de apoio ao trabalho sociocultural. Elis é uma mulher cheia de energia, que não consegue ficar parada e que gosta ajudar outras pessoas. Há um ano e meio, ela retornou ao mercado de trabalho e agora é funcionária de um posto de saúde, onde sua tarefa inicial era organizar arquivos que estavam em desordem. De imediato, Elis sugeriu ao seu supervisor a criação de um novo arquivo no qual os documentos e pastas fossem mais facilmente localizados, iniciativa muito valorizada que aumentou seu entusiasmo com o trabalho. Dada à valorização positiva de seu rendimento, logo em seguida ela recebeu a oferta para atuar como secretária de modo permanente, que aceitou prontamente. Neste trabalho, sua dedicação e presteza foram tão apreciadas que, com o passar do tempo, suas atividades como secretária ganharam mais densidade. Além desta atividade, em suas tardes livres Elis também ajudava voluntariamente uma senhora idosa, administrando para ela seus gastos com a manutenção da casa, pois o atendimento domiciliar que ela mantinha até então havia sido cancelado. Enquanto o trabalho de Elis como secretária consiste principalmente em tomar notas durante reuniões e organizar documentos, ela também auxilia a organizar atividades para pessoas da terceira idade. A diversidade dessas atuações é exatamente o que Elis gosta, pois encara cada uma destas coisas como um desafio. Especialmente em função de seu entusiasmo e prontidão em ajudar, seu ambiente de trabalho é positivo, tanto na equipe onde atua como com as pessoas de terceira idade, a quem sempre tem uma palavra reconfortante e paciência para ouvi-los.

'TODOS OS DIAS EU APRENDO ALGO'

Bernardo tem 60 anos e trabalha como gerente em uma empresa familiar fornecedora de janelas para a indústria de construção civil. Sua função é garantir que os pedidos continuem sendo feitos na empresa. O que motiva Bernardo é justamente a especificidade de sua tarefa: *"minha especialidade é ser 'o idiota', porque eu me envolvo tão completamente com as exigências e regulamentos daquela nova construção que vou perguntando sobre tudo; mas é exatamente isso que faz com que minhas vendas sejam tão bem-sucedidas. Muitas pessoas consideram estas questões de modo superficial e este é o motivo pelo qual muitos erros são cometidos. Fico sempre em cima ajudando os outros, sempre tenho muitas perguntas para todos na empresa. Dessa forma não me sinto um peixe fora d'água"*.

Bernardo não considera que trabalha demais, pelo menos não é assim que se sente. Ele tem liberdade de ação e aproveita isso: *"Se vou passar o fim de semana fora, saio do trabalho às 11 da manhã e ninguém me pergunta nada. Eu simplesmente anoto na minha agenda e todos sabem que vou passar o dia fora"*. Mesmo sendo exigente com seus colegas, Bernardo considera outros aspectos importantes na sua relação com eles: *"Tenho uma calculadora que não consegue fazer duas coisas ao mesmo tempo, do mesmo modo não peço que meus colegas o façam porque ficarão estressados"*. E ainda sente prazer em orientar as pessoas e ver seu crescimento pessoal: *"Aqueles que querem aprender, melhoram, crescem, e, em troca, eu me reenergizo"*. Mas a vida de Bernardo não é só trabalho. Todo sábado ele acorda cedo e vai para o campo perto de sua casa onde treina oficialmente árbitros de futebol. Além disso, nos fins de semana, anda de bicicleta com um amigo de cinquenta a cem quilômetros. Ele não tem medo de cair num 'buraco negro' quando se aposentar, como aconteceu com muitos de seus colegas por causa de seus hobbies. E, por enquanto, ele ainda trabalha e aprende mais a cada dia.

1.2 Trabalhar com inspiração

Pessoas como Elis e Bernardo, engajadas no trabalho, podem ser vistas como super-heróis, sempre entusiasmados e felizes com tudo, mas isso não é verdade. Mesmo engajadas, elas também ficam saturadas de seu trabalho ou se sentem cansadas ao chegar em casa no fim de um dia cheio de atividades e exigências. No entanto, seu desgaste é diferente daquelas pessoas que tiveram de enfrentar situações adversas ou se sentiram consumidos pelos conflitos no trabalho. Nas pessoas engajadas, de modo geral, o cansaço após um dia difícil ou pesado se associa à satisfação em realizar seu trabalho porque elas percebem que realizam coisas significativas, prazerosas e valiosas. Após uma noite de sono, seu cansaço se esvai e elas acordam revigoradas novamente para atuar. Desse modo, nem são super-heróis que desconhecem problemas, frustrações ou adversidades no trabalho, nem são ingênuas para negar tais situações. A diferença central está naquilo que as inspira a permanecer realizando atividades em que percebem um significado positivo.

Neste sentido é que o engajamento no trabalho pode ser visto como oposto à síndrome de *burnout*: nesta, em vez de se sentirem revigoradas, as pessoas se sentem exaustas, consumidas, e não conseguem se dedicar porque seu esgotamento as conduz ao distanciamento mental e emocional no trabalho (Bakker et al., 2006; Bakker, Demerouti, Xanthopoulou, 2005). Muitas pessoas com síndrome de *burnout* parecem cínicas em relação ao trabalho e aos colegas, porém essa atitude nada mais é do que uma autoproteção por se sentirem esgotadas e não terem condições de consumir mais energia do que já o fazem no trabalho. Porém, além de não ser uma proteção suficiente para equilibrar a saúde mental das próprias pessoas com *burnout*, tais atitudes acabam criando mais problemas para elas no trabalho e, com isso, o sentimento de exaustão, estresse e cansaço aumentam ainda mais. Para enfrentar tais situações são necessárias intervenções preventivas e curativas no ambiente de trabalho, além de ações específicas para tratamento e reabilitação dessas pessoas (Zanelli, 2010). Muitos autores escrevem sobre *burnout* e fadiga ocupacional, por isso não descreveremos mais detalhadamente estas questões neste livro, apenas nos referiremos a estresse e síndrome de *burnout* para diferenciá-los do engajamento no trabalho. Nossa intenção não é reafirmar que é preciso prevenir o que é negativo (o que já se sabe), mas especialmente reconhecer e compreender as pessoas que empregam sua energia, entusiasmo e talento através da atribuição de significados positivos ao trabalho que executam. A criação ou ampliação de práticas organizacionais que influenciem positivamente o ambiente de trabalho pode, inclusive, produzir efeitos significativos na prevenção do estresse e da síndrome de *burnout*, dentre outros acometimentos desta natureza.

QUAIS SÃO OS BENEFÍCIOS DO ENGAJAMENTO NO TRABALHO

Pode-se pensar que o engajamento no trabalho é apenas mais um modismo. Talvez até seja, somente o tempo nos dirá. Enquanto isso, o que sabemos é que o engajamento produz benefícios tanto para quem trabalha como para a organização (Bakker, 2010; Schaufeli & Salanova, 2010, 2008; Schaufeli, Bakker & Salanova, 2006; Schaufeli, Martinez, Marques-Pinto, Salanova & Bakker, 2002). De modo geral, as pesquisas demonstram que:

- Pessoas engajadas no trabalho, bem como os setores/departamentos onde atuam, apresentam um desempenho melhor. Equipes de recepção em hotéis engajadas, por exemplo, que são mais amistosas com os clientes, fazem com que estes se hospedem novamente no mesmo hotel com maior frequência. Em restaurantes *fast-food*, os garçons engajados recebem gorjetas[1] mais substanciais do que seus colegas.
- Estudantes engajados obtêm maiores médias do que os alunos menos engajados.
- Pessoas engajadas no trabalho são leais a suas organizações e a taxa de rotatividade de funcionários é menor entre elas.
- Pessoas engajadas apresentam atitude pró-social que as fazem aceitar mais frequentemente tarefas desafiadoras que exigem dedicação extra.
- Gerentes engajados são percebidos como líderes inspiradores por seus subordinados.
- Pessoas engajadas no trabalho cometem menos erros e causam menos acidentes.

---

[1] Em outros países, como Estados Unidos ou Espanha, os garçons recebem gorjeta num sistema distinto dos tradicionais "10%" praticados no Brasil. Embora existam diferenças nos estados e cidades americanas, por exemplo, é o cliente que decide o valor da gorjeta e o faz diretamente àquele garçom que o atendeu. É a esta prática que os autores se referem.

- Pessoas engajadas se divertem mais no seu trabalho: ficam mais satisfeitas com suas atividades e experimentam com mais facilidade a sensação do *flow* (um estado em que você fica totalmente imerso no seu trabalho e que, posteriormente, é percebido como um período prazeroso).
- Funcionários engajados são avaliados de maneira mais positiva por seus superiores do que seus colegas.
- Funcionários engajados costumam se sentir mais confortáveis consigo mesmos, dificilmente apresentam queixas psicossomáticas e são mais resistentes ao estresse.

Modismo ou não, a nosso ver, é recomendável para organizações e trabalhadores prestar atenção e levar a sério o engajamento no trabalho.

1.3 Motivação e significado positivo do engajamento no trabalho

Algumas pessoas pensam que os engajados são pessoas viciadas no trabalho ou pessoas que trabalham tanto que negligenciam sua família em função de suas atividades profissionais, mas esta imagem não representa o que o engajamento no trabalho é de fato. A maior diferença entre compulsão ao trabalho e engajamento no trabalho está na **motivação** para trabalhar e imprimir esforço em suas atividades (Schaufeli, Taris & Van Rheden, 2008). Pessoas engajadas trabalham muito porque se divertem e encontram sentido na realização do seu trabalho. São **motivadas positivamente**, sem deixar de valorizar seu tempo livre, suas famílias e seus relacionamentos sociais; não importa o quanto tenham prazer no trabalho, elas também investem em suas vidas pessoais, hobbies, amizades, e vida familiar, como no caso de Elis e Bernardo, nos exemplos que demos antes. Não é caso de *workaholics*, que são viciados no seu trabalho, como veremos a seguir no exemplo de Tony, que nos deixa claro que para este tipo de pessoa ter tempo livre não é tão importante. *Workaholics* trabalham muito porque são obcecados pelo trabalho. Não é uma questão de **querer** trabalhar, mas de **ter** que trabalhar; é uma compulsão interna irresistível que os leva a continuar trabalhando mesmo que o dia de trabalho já tenha terminado, que se sintam doentes, ou que estejam em férias. Não trabalhar significa se sentir culpado, inútil, inquieto ou tenso, e, para evitar estes sentimentos de desprazer, *workaholics* continuam trabalhando sem se importarem com o tempo ou as consequências para si mesmos. Por isso falamos na **motivação negativa** dessas pessoas: um impulso compulsivo que os mantêm trabalhando para não se sentirem mal ou miseráveis. Dito de outra forma, pessoas engajadas no trabalho são atraídas para o trabalho por causa da diversão que atribuem a ele enquanto *workaholics* são impelidos a trabalhar porque não conseguem resistir a seus impulsos compulsivos.

Confissão de um *workaholic*

"Há poucas semanas atrás, em uma manhã de domingo, voei para Flórida junto com meu sócio para trabalhar em um projeto no qual ensinamos gestores a lidar melhor com o estresse. Discutimos nosso projeto até tarde da noite no domingo e reiniciamos nossas atividades na segunda de manhã cedo, trabalhando intensamente até às duas da tarde quando voei de volta para Nova Iorque. No avião, trabalhei durante todo o voo, sem desviar a atenção do meu laptop e também fiz diversas ligações enquanto dirigia de volta para casa; ao chegar, beijei minha filha e subi correndo para responder vários e-mails que estavam pendentes. Às seis da tarde troquei de roupa, entrei no carro e corri para um importante jantar de negócios, que durou até às dez da noite, foi quando liguei para meu sócio para mantê-lo atualizado sobre o andamento dos nossos negócios. Como a maioria dos workaholics, eu sei que sou rápido em racionalizar minhas ações. Tenho que ganhar dinheiro e isso não é fácil nestes tempos de ferrenhas guerras competitivas. Não há nada de mais em trabalhar muito porque não tenho intenção de prejudicar a qualidade do meu trabalho e como amo o que faço, não sinto como se fosse trabalho. Honestamente, eu acredito que posso ajudar as pessoas com o que eu faço. Há uma diferença entre comprometimento e vício, entre paixão e obsessão. Eu não bebo, não uso drogas, não fumo e nem tomo café, o entanto, sou obsessivo e compulsivo em relação ao meu trabalho. Todos os dias acesso meus e-mails logo cedo, várias vezes durante o dia e até tarde da noite, telefono enquanto dirijo, levo sempre meu laptop *para o aeroporto e, nas férias, acordo no meio da noite pensando em coisas do trabalho. Meus pais também são, definitivamente, workaholics. Se eu tento mudar meu comportamento, me sinto inquieto e inútil. Eu amo muito a minha família, porém me sinto mais confortável enquanto estou trabalhando do que quando estou com eles"* ('My name is Tony, and I'm a *workaholic*'. Disponível em: www.fastcompany.com/articles/archive/workaholics.html).

Estimativas iniciais mostram que 15% dos trabalhadores holandeses podem ser considerados viciados em trabalho, sendo que esta taxa varia quanto aos diferentes grupos profissionais e setores de negócios. Por exemplo, empreendedores encabeçam a lista com 30% de compulsivos no trabalho. Entre gestores e consultores (como Tony), a compulsão no trabalho é frequente e chega a 20%. Por outro lado, na indústria e em serviços de saúde esta taxa não ultrapassa 10%, embora haja uma grande diferença entre enfermeiros (7%) e médicos (17%).

Pessoas viciadas no trabalho, em geral, percebem que seu comportamento não é saudável, mas não são capazes de ignorar essa voz interior que os impele a trabalhar compulsivamente. Por que *workaholics* agem assim e nunca consideram que terminaram o que tinham a fazer? Em parte é uma questão de características de personalidade; viciados em trabalho frequentemente são pessoas perfeccionistas, daquelas que não procuram fazer as coisas corretamente ou benfeitas apenas, mas buscam a perfeição, e esta é uma forte razão pela qual eles pensam infinitamente sobre o que tem que ser feito e apresentam elevada dificuldade para delegar tarefas.

Em geral, pensamos que *workaholics* são pessoas muito produtivas (afinal eles trabalham tanto!), mas isso dificilmente é verdade; nem todo perfeccionista é um viciado em trabalho, como sabemos. O perfeccionismo só é uma característica que assegura a entrega de um trabalho realizado de modo apropriado, em que a pessoa foi atenciosa aos detalhes necessários para esta tarefa. É o ambiente de trabalho que, frequentemente, funciona como um gatilho para que pessoas com características de perfeccionismo se transformem em *workaholics*. Já a compulsão pode ser encarada como uma bomba que explode em certas condições: caso você esteja trabalhando na linha de produção de uma fábrica, rotulando garrafas o dia inteiro, por exemplo, dificilmente se tornará um viciado em trabalho, mesmo que suas características de personalidade o tornem mais suscetível a isso, mas se seu trabalho o coloca numa posição de prestígio social, então a compulsão ao trabalho pode emergir. A atenção e o reconhecimento social obtidos nas realizações profissionais podem atingir uma área sensível para se tornar um *workaholic*: o sentimento de que é apreciado e respeitado pelas pessoas.

TRABALHANDO HORAS A MAIS

Diferente do Brasil onde a legislação regulamenta o uso de hora extra e obriga o pagamento desta na folha ou bancos de horas negociados com os sindicatos de categorias, na Holanda muitas pessoas trabalham horas a mais e frequentemente não são remuneradas por elas. Lá, isso acontece notoriamente nos seguintes setores:

– Educação
– Transporte, armazenamento e comunicação
– Agricultura
– Serviços empresariais
– Instituições financeiras

O setor da educação é, de longe, o que mais utiliza horas extras. Mais de 60% dos professores relatam que trabalham mais do que o expediente normal. Coincidência ou não, o *burnout* em educação parece ser o mais grave: quase 14% dos professores sofrem dessa síndrome. Em contrapartida, a compulsão ao trabalho prevalece muito menos na educação. A exaustão dos educadores não parece ocorrer porque eles apresentam uma compulsão interna para trabalhar muito, mas sim porque o trabalho em si é emocionalmente desgastante, fator este que é corroborado porque o trabalho em educação não é considerado entediante pelos profissionais: somente 2% dos professores sentem tédio no trabalho[2].

Tipicamente no caso de *workaholics*, o que se desenvolve é justamente uma compulsão interna que os engaja excessivamente no trabalho, de um modo negativo, e esse engajamento pode se tornar uma compulsão quando o **querer** trabalhar se transforma no **ter** que trabalhar para satisfazer seus impulsos internos. É importante estar atento para que esta transformação não ocorra em você.

---

[2] Embora existam vários estudos sobre *burnout* em professores no Brasil, não foram encontradas pesquisas similares que investigassem a correlação entre engajamento, compulsão no trabalho e *burnout*. As pesquisas brasileiras que abordam horas extras trabalhadas parecem tratar de aspectos distintos, tais como: impactos na saúde do trabalhador ou flexibilização de horas extras trabalhadas como estratégia para aumento do emprego (Vegian & Monteiro, 2011; Pina & Stotz, 2011; Carlotto & Pallazzo, 2006; Gonzaga, Menezes-Filho & Camargo, 2003).

Avalie-se: será que sou um *workaholic*?

Para cada afirmativa, assinale aquela opção que, em sua opinião, mais se aplica a você. Você também pode preencher este teste para outra pessoa. Indique como você acha que as afirmativas se aplicam a esta pessoa especificamente.

		Nunca	Às vezes	Com frequência	Sempre
A	Pareço apressado e correndo contra o tempo.	1	2	3	4
E	Continuo a trabalhar mesmo que meus colegas já tenham desistido ou ido embora.	1	2	3	4
C	Considero importante trabalhar bastante, mesmo quando não gosto do que estou fazendo.	1	2	3	4
E	Mantenho-me ocupado e faço muitas coisas ao mesmo tempo.	1	2	3	4
C	Sinto que algo dentro de mim me impulsiona a trabalhar muito.	1	2	3	4
E	Gasto mais tempo trabalhando do que socializando com meus amigos ou em atividades de lazer.	1	2	3	4
C	Sinto-me obrigado a trabalhar muito, mesmo quando o que estou fazendo não é prazeroso.	1	2	3	4
E	Percebo que faço duas ou três coisas ao mesmo tempo, tais como almoçar e tomar notas, enquanto falo ao telefone.	1	2	3	4
C	Sinto-me culpado quando tiro folga no trabalho.	1	2	3	4
C	É difícil relaxar quando não estou trabalhando.	1	2	3	4

Fonte: © Wilmar Schaufeli e Toon Taris (2004).

Resultados do teste

Após marcar suas respostas para todas as alternativas, você deve fazer o seguinte: some os números de cada uma de suas respostas, separando as que estão discriminadas como E (trabalhando excessivamente) das C (trabalhando compulsivamente). Você deverá obter duas pontuações. Leia a descrição abaixo e verifique qual delas se relaciona com sua combinação de pontos.

7 pontos ou menos para afirmativas do tipo E,
7 pontos ou menos para afirmativas do tipo C:

> Você não é do tipo que trabalha de forma extraordinária (pontuação E baixa), tampouco é um *workaholic* (pontuação C baixa), o que significa que não é um viciado no trabalho, mas que considera que outros aspectos da vida – tais como tempo livre, relacionamentos sociais etc. – são muito mais importantes que o trabalho. Esperançosamente, você gosta do trabalho que realiza. (1)

7 pontos ou menos para afirmativas do tipo E,
Pontuação entre 8 e 11 para afirmativas tipo C:

> Você não é do tipo que trabalha de forma extraordinária (pontuação E baixa), e não irá trabalhar mais do que o necessário, pois sua necessidade de trabalhar é igual à media das pessoas (pontuação C na média), o que significa que não é um viciado no trabalho. (2)

7 pontos ou menos para afirmativas do tipo E,
12 pontos ou mais para afirmativas do tipo C:

> Você parece estar trabalhando de forma compulsiva (pontuação C alta) e tem dificuldade em se distanciar do seu trabalho. No momento, parece estar controlando sua necessidade de trabalhar, embora algumas vezes possa trabalhar mais do que o necessário (baixa pontuação E). (3)

Pontuação entre 8 e 14 para afirmativas do tipo E,
7 pontos ou menos para afirmativas do tipo C:

> Você não é um *workaholic*. Você investe tempo e energia em seu trabalho, mas o faz de forma tranquila (pontuação C baixa). (4)

Pontuação entre 8 e 14 para afirmativas do tipo E,
Pontuação entre 8 e 11 para afirmativas do tipo C:

Você não é um *workaholic*. Como a maioria das pessoas, você investe tempo e energia no seu trabalho (pontuação E na média) e, ainda que sinta uma forte necessidade de trabalhar, você não se sente forçado a isso (pontuação C na média). (5)

Pontuação entre 8 e 14 para afirmativas do tipo E,
12 pontos ou mais para afirmativas do tipo C:

Cuidado para não se tornar um viciado no trabalho. Ainda que neste momento você possa não estar trabalhando muito (pontuação E na média), você sente um forte ímpeto interior que o motiva a trabalhar compulsivamente (pontuação C alta). Você não consegue se desvencilhar fácil do trabalho que precisa realizar. (6)

15 pontos ou mais em afirmativas do tipo E,
7 pontos ou menos para afirmativas do tipo C:

Você não é um *workaholic*, embora invista bastante tempo e energia no seu trabalho (pontuação E alta). Você faz este investimento de forma tranquila (pontuação C baixa), o que pode indicar que você seja uma pessoa engajada no trabalho. (7)

15 pontos ou mais em afirmativas do tipo E,
Pontuação entre 8 e 11 para afirmativas do tipo C:

Cuidado para não se tornar um *workaholic*. Você investe muito tempo e energia no seu trabalho (pontuação E alta) e sente necessidade de trabalhar como a média das pessoas (pontuação C na média). Cuidado para não se forçar a 'ter que' trabalhar muito mais que o necessário. (8)

15 pontos ou mais em afirmativas do tipo E,
12 pontos ou mais em afirmativas do tipo C.

Você é um *workaholic*. Você investe tempo e energia excessivos no trabalho (pontuação E alta) e faz isso porque sente um forte ímpeto interno que o leva a trabalhar excessivamente (pontuação C alta). Você se força a trabalhar muito. (9)

1.4 Quando falta entusiasmo

É possível encontrar pessoas com pouco entusiasmo para realizar as coisas. Elas não são engajadas e, definitivamente, não são viciadas em trabalho. Algumas pessoas trabalham em atividades que não gostam e se sentem entediadas ou infelizes por isso; o dia de trabalho parece durar para sempre e elas se arrastam de um intervalo no trabalho para o outro porque não se sentem desafiadas pelas atividades que realizam. Por que as pessoas trabalham em empregos entediantes? Obviamente, isso se deve a vários fatores: alguns estão presos a seus empregos por acreditarem que não conseguem um trabalho melhor, porque o mercado de trabalho não oferece novas oportunidades ou por não possuir nível educacional suficiente para obter posições melhores. É possível que no início o trabalho dela fosse desafiador e prazeroso; porém algo mudou e ela já não sente mais o mesmo prazer e entusiasmo inicial; outras vezes essa sensação decorre simplesmente pela saída de algum colega de quem se gostava muito ou porque o trabalho em si foi se tornando gradualmente rotineiro e desgastante. Pode ser também que a pessoa prefira permanecer com o que têm a se arriscar em procurar algo novo, mesmo que seu trabalho não seja divertido, como é o caso das pessoas que 'doam' seu tempo no trabalho (de forma sacrificial) até chegar o fim de semana, as férias ou, finalmente, a aposentadoria.

'Até o meio-dia, minha caixa de e-mails está vazia'

André tem 48 anos e trabalha como policial há mais de 20. *"Quando eu era criança já queria ser policial, parecia muito legal"*. Ele acabou indo parar no departamento de polícia técnica, seu trabalho dos sonhos: passar o tempo patrulhando as ruas com seus colegas de trabalho. *"É sempre uma aventura e você está bem no meio dela"*, essa era a emoção que ele esperava encontrar na polícia desde criança, bem como praticar sua paixão por estratagemas – era frequentemente necessário fazer improvisos engenhosos para várias atividades policiais, como espionar pessoas usando escutas em uma área movimentada. *"Você podia passar dias andando ao redor delas com esses microfones minúsculos. Claro que sentia um frio na barriga nestes momentos. Será que tudo irá realmente funcionar?"*. O horário irregular de trabalho passou a ser uma desvantagem quando ele iniciou um relacionamento (mais para sua companheira do que para ele mesmo). *"Existia algo de especial em levantar cedo, se sentar num lugar qualquer e esperar as coisas acontecerem"*. Infelizmente, a emoção e a aventura tiveram uma pausa na vida de André quando o quadro de policiais foi reorganizado no departamento e ele foi transferido para o setor de planejamento interno. Embora sem concordar com essa mudança, seus protestos foram ignorados, o trabalho de escritório não seria uma escolha dele e, para piorar, não havia muito o que fazer neste novo cargo. O contraste não poderia ser maior: em seu novo cargo, André trabalhava das 9 às 17 horas, e passava seu tempo em frente a uma tela de computador. Ao invés de elaborar estratagemas para agir, ele precisava controlar o planejamento e logística do setor, processando as mudanças ocorridas. Definitivamente, esse não era o André: *"Se meus colegas de trabalho ficavam doentes, ficava contente porque tinha algo a mais para fazer"*. O tempo passava mais lentamente e o dia dele parecia não acabar nunca. Sua caixa de e-mails ficava vazia até o meio-dia, sempre. Desse modo, ele ocupava seu tempo planejando suas férias online, atualizando o Facebook ou conversando com algum amigo. *"Tenho de ter cuidado para que não me peguem fazendo isso no trabalho"*. André se tornou uma pessoa entediada e, em consequência, passou a ser um profissional mal-humorado também.

Pessoas entediadas com seu trabalho, como o André, não costumam fazer nada para mudar seu sentimento de tédio; algumas vezes até o reforçam. Não se interessam em buscar novos desafios ou aprender coisas diferentes para enriquecer suas atividades no trabalho. O trabalho é enfadonho, o que faz com que se sintam cada vez mais aborrecidos com este, resultando num aprisionamento a um círculo vicioso. Porém, o sentimento de tédio não é um dos mais frequentes no trabalho: pesquisas internacionais demonstram que 97% das pessoas consideram que seu trabalho nunca ou raramente é entediante (Schaufeli, Bakker, e Salanova, 2006). Ainda que não pareça afetar a maioria dos trabalhadores, o sentimento de tédio é um problema sério para quem dele sofre e para os colegas, porque não é agradável conviver com uma pessoa que considera seu trabalho enfadonho. Quando não compartilhamos da sensação de tédio e do mau-humor com o trabalho, podemos ficar bastante incomodados com estas pessoas; é muito comum considerarmos que estas pessoas não se esforçam o suficiente, já que toda atividade que lhe é solicitada parece demais para elas. Parece-nos que, em vez de direcionar sua energia e tempo para o trabalho, tais pessoas estão sempre 'surfando' na internet, conversando ou 'matando' o tempo. Muitos se zangam por este comportamento e até se sentem prejudicados por pensarem que estão sobrecarregados de trabalho enquanto 'alguns' estão liberados. Por outro lado, a pessoa que se sente entediada provavelmente vai achar que você está estressado, irritado ou quer controlá-lo por algum motivo inexplicável. Essas diferentes interpretações entre vocês geram problemas de difícil solução nas relações interpessoais no trabalho.

É obvio que nem todos os funcionários entediados são pessoas desmotivadas; também é óbvio que alguns deles gostariam de enriquecer suas atividades para acabar com o aborrecimento que sentem. Este é um ponto em que os gestores devem intervir; de fato é uma oportunidade importante à medida que estas pessoas estão interessadas em realizar um trabalho significativo e, com uma intervenção inteligente por parte da organização, estas pessoas podem superar seu sentimento de tédio pelo engajamento no trabalho. Mesmo aqueles que chegaram ao ponto de só fazer aquilo que é de sua responsabilidade podem se engajar de forma mais significativa se o enriquecimento de suas tarefas for realizado no ritmo e tempo certo para eles. Por isso é importante ajudar colaboradores entediados a superar barreiras e redescobrir novos sentidos para o trabalho, e este é um dos objetivos deste livro: ajudar a repensar o valor atribuído às atividades profissionais através do entendimento do tema do engajamento no trabalho.

Avalie-se: Será que me sinto entediado no trabalho?

Para cada afirmativa, assinale aquela opção que mais se aplica a você, em sua opinião. Você também pode preencher este teste para outra pessoa. Indique como você acha que as afirmativas se aplicam a esta pessoa especificamente.

		Nunca	Ás vezes	Com frequência	Quase sempre	Sempre
1	O tempo passa muito devagar no trabalho.	1	2	3	4	5
2	Sinto-me entediado no trabalho.	1	2	3	4	5
3	Passo muito tempo à toa no meu trabalho.	1	2	3	4	5
4	Sinto-me inquieto no trabalho.	1	2	3	4	5
5	Sonho acordado no meu horário de trabalho.	1	2	3	4	5
6	Parece que meu dia de trabalho nunca termina.	1	2	3	4	5
7	Tenho a tendência de fazer outras coisas quando estou trabalhando.	1	2	3	4	5
8	Não há muito o que fazer no meu trabalho.	1	2	3	4	5

Fonte: © Wilmar Schaufeli (2009).

Resultados do Teste

Após marcar suas respostas para todas as alternativas, você deve fazer o seguinte: some os números de cada uma de suas respostas e leia a descrição abaixo que se refere à sua pontuação:

Menos de 12 pontos:

Você não se sente entediado no trabalho, pelo contrário, se sente cheio de desafios a serem realizados. Pode ser que seja uma pessoa engajada no trabalho.

Entre 12 e 14 pontos:

Como a maioria das pessoas, de vez em quando você se sente aborrecido e entediado no trabalho, no entanto, este não é um sentimento constante, ocorre em algumas ocasiões.

15 pontos ou mais:

Você está entediado, mais do que a maioria de seus colegas de trabalho. Vários motivos podem causar este sentimento, talvez você seja mais qualificado do que o necessário para o seu cargo, ou pode ser que simplesmente não tenha muito o que fazer.

1.5 Um quadro compreensivo do engajamento individual no trabalho

Você deve ter notado em nossa argumentação até aqui que engajamento, vício e tédio no trabalho são fenômenos que se relacionam entre si. A Figura 1 demonstra essa relação:

| Exaustão por subcargo | ← Tédio | ← Engajamento → | Vício no trabalho → | Exaustão por sobrecarga |

Figura 1. Engajamento, vício e tédio no trabalho.

O que se pode observar na Figura 1 é que tanto funcionários entediados como os viciados em seu trabalho estão em risco de se sentirem estressados, podendo chegar à exaustão por escassez de atividades significativas (subcarga) ou por excesso de atribuições (sobrecarga de trabalho). Recentemente, o *distress*[3], resultante da subcarga crônica de trabalho, tem sido denominado '*boreout*', em contraponto ao resultante da sobrecarga crônica de trabalho, denominado '*burnout*'. Em ambos os casos, observamos sintomas crônicos típicos do *distress*; como exemplificado na Figura 2.

Antes de prosseguirmos, é preciso ressaltar que, apesar da comprovação de que o estresse crônico no trabalho conduz à síndrome de *burnout* (exaustão por sobrecarga de trabalho), esta não é a única causa de exaustão dos trabalhadores; problemas de *distress* também ocorrem pela baixa exigência no trabalho. Uma atividade extremamente fácil que se torna entediante para a pessoa que a realiza, por exemplo, pode levar à exaustão por subcarga de trabalho, à desmotivação e, eventualmente, ao absenteísmo. Essa distinção entre *burnout* e *boreout* esclarece o fato de que se sentir bem no trabalho está diretamente relacionado com a realização de atividades sejam significativas para as pessoas.

---

[3] Segundo a Organização Mundial de Saúde (WHO, 1993), o estresse é uma síndrome geral de adaptação que pode gerar resultados positivos ou negativos. Lidar com o estresse é considerado um enfrentamento natural da vida humana em relação aos seus desafios cotidianos. No entanto, este enfrentamento tanto pode gerar desenvolvimento como pode gerar danos às pessoas. Por isso, o estresse é diferenciado em *Eustress* (positivo) e *Distress* (negativo). *Distress* ocupacional, como apresentado pelos autores neste capítulo, refere-se à tensão experimentada devido ao excesso ou escassez de esforço percebido pela pessoa como incompatível com o trabalho que realiza.

Para maiores informações acerca de pesquisas recentes sobre o tema do estresse ocupacional no Brasil e América Latina, sugere-se a leitura do livro de Zanelli (2010).

Costumamos dizer que quanto mais as pessoas são valorizadas, mais prazer elas tendem a sentir no trabalho, mas, do ponto de vista psicológico, sentir-se estimulado demais ou de menos é prejudicial, pois pode levar à exaustão pela escassez de trabalho estimulante (*boreout*) ou pelo excesso de atividades com desafios acima da capacidade de realização da pessoa (*burnout*). É preciso analisar de forma mais aprofundada essa relação entre felicidade no trabalho, valorização das pessoas e excesso/escassez de estímulo para atividades a serem realizadas.

	Exaustão por excesso	Exaustão por escassez
Sintomas	Cansaço excessivo	Tédio
	Individualismo	Irritabilidade
	Despersonalização	Desinteresse
	Atitude defensiva de cinismo	Dispersão
	Competência reduzida	Insatisfação
Causas	Excesso de estímulos	Escassez de estímulos
	Sobrecarga febril	Subcarga entediante
	Trabalho excessivo	Escassez de trabalho significativo
Comportamento	Defensivo	Busca de estímulos significativos
	Negligência	Sonha acordado
	Isolamento	Faz outras coisas no trabalho
	Baixa sociabilidade (vontade de ficar sozinho)	Baixo interesse nas atividades por considerá-las fáceis demais

Figura 2. *Burnout e boreout no trabalho.*

É possível que sobrecarga e subcarga de estímulos para as pessoas ocorram de forma conjunta no trabalho, por exemplo, quando há muito trabalho a ser feito e a pressão é elevada para realização, porém o tipo de atividade é entediante e nada desafiador. Podemos dizer que, de certa forma, o engajamento no trabalho se concretiza em algum lugar entre estar entusiasmado com o trabalho em si, devido aos seus estímulos e tarefas enriquecedoras, e trabalhar porque gosta do que faz, apesar de ter de enfrentar algumas atividades entediantes e pouco desafiadoras.

Avalie-se: quão engajado sou no meu trabalho?

Para cada afirmativa, assinale aquela opção que, em sua opinião, mais se aplica a você. Você também pode preencher este teste para outra pessoa e, a partir das afirmativas, indicar como você acha que elas se aplicam especificamente à pessoa.

		Nunca	Ás vezes	Com frequência	Quase sempre	Sempre
1	Sinto-me energizado no meu trabalho	1	2	3	4	5
2	Sinto-me forte e vigoroso no meu trabalho	1	2	3	4	5
3	Sou entusiasmado com meu trabalho	1	2	3	4	5
4	Meu trabalho me inspira.	1	2	3	4	5
5	Tenho vontade de ir para o trabalho quando levanto de manhã	1	2	3	4	5
6	Sinto-me feliz quando estou trabalhando intensamente.	1	2	3	4	5
7	Tenho orgulho do trabalho que realizo	1	2	3	4	5
8	Eu fico imerso no meu trabalho	1	2	3	4	5
9	Não vejo o tempo passar quando estou trabalhando	1	2	3	4	5

Fonte: © Wilmar Schaufeli e Arnold Bakker (2003).

Resultados do Teste

Após marcar suas respostas para todas as alternativas, você deve somar os números de cada uma de suas respostas e ler a descrição abaixo, verificando a que se refere à sua pontuação.

27 pontos ou menos:

Você tem um nível baixo de engajamento no trabalho. Você não se diverte muito trabalhando e suas atividades profissionais não despertam seu interesse. Se desejar atuar profissionalmente de um jeito mais prazeroso, o próximo capítulo deste livro tratará sobre como aumentar o engajamento no trabalho.

Entre 28 e 35 pontos:

Seu nível de engajamento no trabalho está na média do que é esperado na maioria das pessoas. Se desejar, você pode aumentar seu nível de prazer e satisfação no trabalho, como demonstraremos no próximo capítulo.

36 pontos ou mais:

Você é uma pessoa engajada, que trabalha com entusiasmo e energia. Seu desafio é continuar dessa forma. No próximo capítulo trataremos também sobre como se manter engajado no trabalho e, ainda, ajudar outras pessoas a se engajarem também.

Neste ponto do livro, você já deve ter preenchido os três testes apresentados até aqui. Com isso, pode observar um quadro compreensivo sobre o modo como interpreta e sente suas experiências de engajamento no trabalho, inclusive em comparação com outras pessoas. A Figura 3 apresenta uma matriz que sumariza as três pontuações, combinando seus resultados.

Não engajado	Pontuação média para engajamento no trabalho	Trabalhador engajado
Sem tédio no trabalho	Pontuação média para o sentimento de tédio no trabalho	Trabalhador entediado
Sem vício no trabalho (resultados em 1 ou 4*)	Pontuação média para vício no trabalho (resultados em 5, 7 ou 8)*	*Workaholic* (resultados em 6 ou 9)*

*Estas pontuações podem ser encontradas nas páginas 27 e 28, em que os resultados para o vício no trabalho foram discutidos.

Figura 3. Combinação das pontuações de vício, sentimento de tédio e engajamento no trabalho.

O tipo 'ideal' de experiência no trabalho é demonstrado nas células em cinza. Idealmente, a pessoa deve ser engajada no trabalho, sem se sentir entediada nem viciada em relação ao mesmo. O engajamento, em geral, não coexiste com tédio ou vício no trabalho. No entanto, não se deve excluir totalmente a possibilidade dos trabalhadores engajados se sentirem entediados com algumas tarefas ou mesmo compelidos a um comportamento que, em breve, poderá a conduzi-los a ser um *workaholic*. Neste caso, o engajamento pode representar uma fase de transição da pessoa em direção ao vício no trabalho. Por exemplo, isso pode acontecer quando a pessoa não apenas gosta do seu trabalho e *quer* trabalhar mais, mas também sente que *tem* que se esforçar mais para obter os resultados que interpreta como necessários; negligenciando sua vida pessoal fora do trabalho. Nos capítulos 3 e 4 discutiremos como trabalhar em direção às células cinza.

1.6 Quem são os mais engajados

Quando o assunto é engajamento no trabalho, homens e mulheres são quase igualmente engajados. O Gráfico 1 ilustra e sumariza pesquisas na Holanda sobre o engajamento de funcionários em diferentes ocupações realizadas pelos primeiros autores deste livro, juntamente com outros pesquisadores.

Gráfico 1:

Pesquisas sobre engajamento no trabalho por ocupação em trabalhadores holandeses.

Fonte: Smulders, P.G.W. (2006). De bevlogenheid van werknemers gemeten. [Measuring work engagement]. TNO special.

A pesquisa sobre engajamento no trabalho, com amostra representativa de 3.900 trabalhadores holandeses, demonstrou alguns resultados interessantes. Os níveis mais altos de engajamento no trabalho se apresentam em empreendedores, professores do ensino fundamental, artistas, enfermeiros e gerentes. No Gráfico 1 se observam outros profissionais holandeses que estão muito perto deste elevado nível de engajamento, tais como: profissionais de vendas, caminhoneiros, professores de ensino médio, equipes de atendimento domiciliar (*home care*) e profissionais da construção civil. Descobrir por que estes trabalhadores holandeses são os mais engajados é uma questão que merece ser analisada em profundidade. Podemos considerar que isso ocorre devido ao fato de serem trabalhos desafiadores, caracterizados por maior nível de autonomia e liberdade de decisão; tais atividades também parecem ser moldadas pela responsabilidade social que assumem como atribuições, especialmente aquelas relacionadas ao cuidado em saúde, educação e gestão, enfim, estas são ocupações cujas decisões atingem outras pessoas de forma mais direta. Em contrapartida, os profissionais com menor autonomia, liberdade de decisão e nível de responsabilidade social em relação às tarefas e suas consequências para as pessoas, são menos engajados no trabalho. Nestes, estão incluídos: equipes de vendas no varejo, profissionais de gráfica e trabalhadores da indústria de processamento de comida. Em todo caso, estes dados merecem novos estudos, especialmente pelas diferenças nas ocupações e suas regulações legais em diferentes países[4].

---

[4] Não encontramos pesquisas semelhantes no Brasil ou América Latina. Nos dados apresentados, nos chamou a atenção o engajamento de professores do ensino fundamental e médio nas pesquisas realizadas na Holanda. Além da inclusão de ocupações não encontradas em estudos brasileiros, tais como caminhoneiros. Alguns trabalhos sobre ocupações específicas, como professores, agricultores, bancários e profissionais de saúde, por exemplo, podem ser encontrados nas publicações brasileiras relacionadas ao comprometimento organizacional e *burnout* (Costa & Bastos, 2009; Zanelli, 2010). Em relação aos profissionais de saúde, alguns pesquisadores brasileiros encontraram relação entre o significado do trabalho e motivação, especialmente quanto ao envolvimento ideológico com as atividades do SUS. Para maiores informações sobre estas pesquisas, sugerimos consultar o livro organizado por Lívia O. Borges (2005).

Recém-recuperados...

Em relação aos trabalhadores que sofreram exaustão por *burnout* e se recuperaram, poucos foram caracterizados como engajados no trabalho nesse período de retorno ao trabalho. Eles ainda precisam reconquistar a motivação e o envolvimento nas atividades de trabalho de modo saudável, evitando riscos para si mesmos, visto que têm várias razões para isso. Primeiro, eles podem colocar 'o pé no freio' sem nem mesmo perceber que estão fazendo isso. Talvez o fato de eles terem de se engajar no trabalho se assemelhe ao esforço e energia intensa que os levaram ao *burnout*.

Esta autoproteção pode se concretizar como relutância ou um modo de manter uma distância segura, numa atitude de aprendizado com a experiência negativa que levou ao adoecimento crônico. Essas pessoas precisam superar cautelosamente seus medos para voltarem a se engajar em alguma atividade, minimizando ou mitigando seu risco de exaustão ou adoecimento por estresse (no Capítulo 3 discutiremos mais sobre este assunto). Além disso, pode ser que pessoas recém-recuperadas de *burnout* estejam em fase de transição e até gostariam de se engajar em uma atividade prazerosa e significativa no trabalho, mas não se sintam seguras ou prontas para isso ainda. (O Capítulo 4 aborda algumas ações que podem ajudar estes trabalhadores.)

O engajamento difere não apenas em relação às ocupações profissionais das pessoas, mas também quanto à faixa etária e tempo de permanência em atividades de trabalho. Em geral, à medida que as pessoas amadurecem, têm uma ideia melhor do que desejam fazer e se sentem mais capazes para moldar suas atividades de trabalho de acordo com estes desejos. Elas também procuram com mais frequência se inserir em empregos mais interessantes e com maiores níveis de autonomia e responsabilidade. Quando são mais jovens, as pessoas aceitam mais facilmente atuar em atividades que exigem maior esforço ou são menos divertidas para obterem experiência profissional e aprendizado. Com o passar do tempo, se suas atividades são consideradas entediantes, essas pessoas consideram seu desligamento como solução e, inclusive, planejam sua aposentadoria futura, (ou seja, aqueles que não têm trabalhos interessantes ou satisfatórios apresentam maior probabilidade de abandonar tais atividades). Alguns preferem a aposentadoria antecipada, mesmo que isso diminua seus rendimentos, outros são aposentados compulsoriamente por exaustão devido à síndrome de *burnout* ou outros acometimentos crônicos; já as pessoas engajadas no trabalho costumam permanecer em suas ocupações por mais tempo e sentem felizes em suas atividades profissionais.

A idade para aposentadoria é um fator que deve mudar num futuro breve. Devido ao envelhecimento da força de trabalho e ao maior tempo de vida das pessoas, o tempo previsto de trabalho deve aumentar. Não somente para aqueles que sentem prazer e querem continuar engajados, mas também para os que não se sentem felizes no trabalho e que gostariam de finalizar suas carreiras ocupacionais o quanto antes. Este fator torna o engajamento no trabalho ainda mais importante, especialmente porque trabalhar por mais tempo antes de obter o direito à aposentadoria é mais factível para aqueles que se sentem prazerosamente engajados em suas atividades. Já os que relutam em ir para o trabalho e não se sentem engajados significativamente correm maior risco de apresentarem *distress* e, até mesmo, síndrome de *burnout*. Desse modo, é provável que, com o aumento da idade para aposentadoria, os trabalhadores passem a refletir sobre seu futuro: "será que desejo continuar nesse trabalho até poder me aposentar?" ou "se tivesse de trabalhar por mais tempo, como poderia me sentir desafiado e satisfeito ao máximo possível, mantendo-me engajado?". Em uma economia em que a movimentação de profissionais entre empresas é uma prática, as pessoas costumam ter mais oportunidades para negociar novas ocupações em função de suas qualificações e experiências. Por outro lado, será difícil para as empresas se eximirem de planejar intervenções necessárias para estimular o engajamento no trabalho, até mesmo para evitar o risco de perder seus funcionários por demissão, adoecimento, absenteísmo ou incapacidade para o trabalho.

2 COMO OCORRE O PROCESSO DE ENGAJAMENTO NO TRABALHO

Tendo definido o que é engajamento no trabalho e como reconhecê-lo, o próximo passo é entender como ele se desenvolve. Quais são os fatores que influenciam as pessoas no sentido de se engajarem no trabalho? E quais fatores o tornam mais difícil? Após analisar estas questões, apresentaremos um mapeamento das consequências do engajamento no trabalho para os profissionais, seus colegas e a organização como um todo. A identificação de fatores potencialmente influentes para o engajamento no trabalho é importante para o planejamento de ações de intervenção positiva no processo de trabalho das pessoas nas organizações. Reconhecer como se desenvolve o engajamento no trabalho e como ele pode ser obstruído nos ajuda a lidar positivamente com as situações adversas e se manter engajado. O engajamento no trabalho diz respeito ao profissional como trabalhador, que é um agente fundamental na elaboração e execução de ações de intervenção positiva em seu ambiente de trabalho e ao mesmo tempo se refere à organização e seus gestores, cujas intervenções positivas são planejadas para atingir o conjunto de seus colaboradores no trabalho e permitir a alocação de recursos adequados para elevar o engajamento destes profissionais. Em qualquer um dos casos, o entendimento do que gera engajamento no trabalho e suas prováveis consequências é o ponto de partida essencial para que se planejem ações e intervenções para elevá-lo de modo positivo e eficiente.

2.1 As causas do engajamento no trabalho

2.1.1 Exigências do trabalho

Em todo processo de trabalho existem tarefas que precisam ser realizadas, independente de gostarmos ou não de executá-las. Sejam elas físicas, intelectuais, sociais ou organizacionais, as pessoas são contratadas para realizar todo tipo de atividade, e isso vale para toda organização de trabalho, não importa se é privada, pública ou de capital misto. Por exemplo, as pessoas podem ser contratadas profissionalmente para construir uma casa ou transportar produtos (físicas), avaliar o estado mental de pacientes ou projetar um prédio (intelectuais), tentar vender um produto ou ouvir problemas relatados por clientes (sociais), preparar uma reunião ou liderar colaboradores na empresa (organizacionais). Todas são atividades que requerem esforço e energia, que exigem que o profissional esteja envolvido para atender as exigências que cada tarefa requer.

As exigências subjacentes às atividades profissionais que a pessoa exerce na empresa onde trabalha não são 'positivas' ou 'negativas' por si mesmas; poderíamos até dizer que elas são 'neutras'. São apenas tarefas, embora exijam esforço e energia dos profissionais. Tais demandas, porém, podem contribuir para gerar sentimentos positivos (satisfação e prazer no trabalho) e, em vários casos, até promovem o desenvolvimento pessoal; mas isso não quer dizer que estas mesmas atividades de trabalho não possam gerar estresse também; especialmente quando suas demandas são elevadas ou desproporcionais. Este é o caso das exigências de trabalho cujos prazos ou processos pressionam tanto o colaborador que o tempo necessário para intervalos não é respeitado, ou quando o profissional passa a lidar com mais atividades do que é humanamente capaz. Sendo assim, não é possível para a pessoa se recuperar suficientemente das pressões a que está exposta no dia a dia do trabalho. Na Figura 3 (p. 32) você pode observar quais fatores fazem com que as exigências do trabalho se tornem fontes de estresse, com possíveis resultados negativos. É importante ressaltar que as exigências no trabalho não são obstáculos para que haja engajamento, mesmo quando elas podem causar estresse; o que é crucial é a existência de recursos e condições adequadas para as pessoas executarem suas tarefas de modo engajado e prazeroso. Esta garantia de recursos e condições é fator essencial na prevenção ou diminuição de efeitos negativos do estresse causado pelas exigências no trabalho.

2.1.2 Recursos de trabalho

Todo trabalhador recorre aos recursos específicos de que dispõe para realizar seu trabalho e, em função do esforço despendido para atender às exigências das atividades, é preciso que os recursos de trabalho sejam provedores de energia e de suporte psicossocial suficiente. Normalmente os recursos de trabalho são entendidos como recursos físicos ou condições de trabalho existentes na organização, porém existem outros tipos igualmente importantes, que são aqueles referentes ao apoio social ou companheirismo de colegas de trabalho, *feedback* construtivo do supervisor, possibilidades de autodesenvolvimento no trabalho, inserção em programas de treinamento e desenvolvimento da organização, oportunidades de carreira e nível de autonomia para atuar profissionalmente no trabalho. A combinação positiva destes recursos tem o potencial de prevenir, neutralizar ou diminuir os efeitos negativos do estresse pelo conjunto de condições adequadas que geram afetos positivos e possibilitam resultados concretos para os colaborares. Afetos positivos do tipo: satisfação no trabalho, sensação de estar realizando atividades significativas, a percepção de que é bom no que faz (sentimento de autoeficácia) e a sensação agradável de pertencer a um grupo de pessoas interessantes, todos eles também tem potencial para motivar as pessoas no trabalho e aumentar seu engajamento. Ou seja, a combinação adequada dos recursos de trabalho não apenas pode diminuir o efeito negativo das exigências, como também influencia no engajamento das pessoas de trabalho.

Podemos classificar os recursos de trabalho em dois tipos: primeiro, os recursos 'externos' às pessoas que se relacionam ao trabalho enquanto conjunto de atividades, tarefas e processo, às equipes em que os colaboradores estão inseridos e à organização onde atuam. Um gestor que elogia o desempenho de seus colaboradores é um exemplo de recurso externo; assim como o tipo de ambiente no local de trabalho. São considerados externos porque mesmo que a pessoa atue para promover uma relação positiva com seu gestor ou que busque contribuir para manutenção do clima positivo na equipe de trabalho, ela não tem controle direto sobre estes fatores. O segundo tipo são os recursos intrínsecos (ou internos) à pessoa. Dentre a diversidade de recursos intrínsecos, destacam-se características de personalidade como otimismo, autoconfiança ou resistência ao estresse, como as mais prováveis de promover engajamento no trabalho. Na Figura 4 é apresentada uma visão geral sobre exigências e recursos de trabalho; listamos algumas que já foram demonstradas em pesquisas científicas como exemplos.

Fontes de estresse	Recursos potencializadores do engajamento
Exigências do trabalho	*Recursos externos de trabalho*
– Pressão por prazos curtos – Horas extras – Pressão por quantidade elevada de trabalho – Exigências emocionais, tais como: negociação com clientes difíceis, alunos problemáticos e chefes ausentes – Atividades que exigem esforço físico – Exigências intelectuais, tais como: tomada de decisão que envolve elementos diversificados ou atividades com elevada necessidade de memorização – Conflito entre as demandas de trabalho e a vida pessoal – Insegurança no trabalho – Conflitos interpessoais no trabalho. – Conflito de papéis, tais como lidar com tarefas contraditórias, informações ambíguas ou atividades diversas incompatíveis com seu trabalho. – Ambiguidade de papéis, quando as expectativas não estão claras. – Rotinas de trabalho.	– Liberdade para definir como e quando trabalhar (autonomia) – Suporte psicossocial dos colegas – *Feedback* construtivo – Bom relacionamento com seu gestor direto – Oportunidade para se desenvolver profissionalmente na organização – Bom ambiente de trabalho – Valorização – Espírito de equipe – Diversidade de tarefas – Papel estabelecido de modo claro – Participação na tomada de decisão – Oportunidades de carreira – Responsabilidade no trabalho *Recursos internos de trabalho* – Otimismo – Resiliência – Estratégias ativas de *coping* – Autoeficácia – Extroversão – Estabilidade emocional – Autoestima – Atitude proativa e iniciativa pessoal – Flexibilidade e adaptação – Assertividade – Crença de que tem controle sobre seu futuro (*lócus* interno de controle)

Figura 4. Visão geral sobre exigências e recursos de trabalho.

2.1.3 A relação entre exigências e recursos de trabalhos

Os recursos existentes no trabalho estimulam o engajamento. Essa frase soa simples e de fácil execução, afinal bastaria planejar recursos adequados, no entanto, sua execução é mais complexa do que aparenta. As exigências do trabalho têm seu papel; mas, como já dissemos, interagem de forma 'neutra', ou seja, elas podem ser percebidas como negativas pela pessoa e, ao mesmo tempo, têm o potencial de serem entendidas como desafios positivos. Pesquisas demonstram que é importante que se tenham recursos de trabalho diversificados, especialmente se as exigências são altas ou podem conduzir ao estresse de modo elevado (Bakker, Hakanen, Demerouti & Xanthopoulou, 2007). É essencial a combinação positiva de recursos de trabalho externos e internos adequados quando, por exemplo, os prazos encurtam e aumenta a pressão sobre as tarefas, ou quando as pessoas estão envolvidas em atividades que demandam desgaste emocional elevado. A pressão é sentida, mesmo quando se tem os recursos físicos mais modernos para realizar as atividades necessárias. Nestes casos, aqueles que vivenciam suficiente suporte psicossocial dos colegas e gestores, com autonomia para fazer rearranjos no trabalho, e que atuam em equipes acolhedoras, conseguem manter o engajamento positivo nas atividades mesmo em condições de elevada demanda.

Quando os recursos de trabalho não são suficientes, então é provável que a motivação diminua e o engajamento das pessoas nas atividades se perca. Por que as pessoas se esforçariam para achar as melhores soluções se elas não são valorizadas? Um estudo sobre professores ilustra este ponto (Bakker e Schaufeli, 2000). Os resultados demonstraram que os recursos de trabalho eram especialmente valorosos quando se tinham muitos alunos difíceis em sala de aula; os professores que tinham de lidar com as mais altas exigências em seus trabalhos – ou seja, alunos difíceis – se beneficiaram mais do suporte psicossocial de seus coordenadores, do apreço demonstrado por seu trabalho e do clima positivo no ambiente de trabalho. Eles precisavam se manter motivados, envolvidos e emocionalmente ligados às suas atividades, em resumo, eles estavam engajados no trabalho. Na Figura 5 apresentamos um quadro com a síntese das relações entre exigências, recursos e engajamento no trabalho. Ela ilustra que, para estimular o engajamento, é preciso incrementar os recursos de trabalho e reduzir as exigências estressantes que promovem efeitos negativos nos colaboradores. Como descrevemos no Capítulo 1: é importante enfatizar as intervenções positivas e estimulá-las, sem deixar de dar atenção para as ações de prevenção dos efeitos negativos do trabalho.

Figura 5. Relação entre exigências, recursos e engajamento no trabalho.

2.2 Consequências do engajamento no trabalho

Já sabemos, então, quais fatores e sob quais condições o engajamento no trabalho pode ser produzido, mesmo quando as exigências são de alto nível. Nos capítulos 3 e 4 vamos demonstrar como incrementar os recursos de modo a impulsionar o engajamento das pessoas (individual e coletivo) no trabalho. Primeiro vamos discutir as consequências do engajamento no trabalho, tanto para as pessoas individualmente como para a organização como um todo. Mapear as consequências do engajamento é importante porque elucida o papel de todas as partes envolvidas – colaboradores, supervisores, empregadores e agentes políticos – e os motiva a dar o máximo de forma positiva e saudável no trabalho. Pessoas engajadas geram benefícios e consequências positivas para si, para seus colegas e para a organização; como argumentamos de forma breve no Capítulo 1. Vamos explorar mais detalhadamente as consequências positivas do engajamento no trabalho nesta seção.

2.2.1 Produtividade aliada ao prazer no trabalho

Para quem contrata as pessoas, a produtividade é um assunto crucial: é preciso que seus colaboradores entreguem um trabalho eficaz, de boa qualidade e no prazo. Estudos demonstram que pessoas engajadas no trabalho têm melhor desempenho do que colegas, inclusive os *workaholics*, mesmo que estes trabalhem por mais horas (Bakker, Hakanen, Demerouti & Xanthopoulou, 2007; Schaufeli, Taris & Van Renhen, 2008), e, trabalhando melhor, aumentam a produtividade não apenas no longo prazo, mas também imediatamente, como demonstra o estudo sobre rotatividade de pessoal no setor financeiro de um restaurante *fast-food*. Quando há disponibilidade de recursos, suporte psicossocial no ambiente de trabalho e relacionamentos interpessoais positivos com colegas e gestores, a probabilidade de engajamento no trabalho por parte dos colaboradores se eleva. É o que observamos nas comunidades de prática ou redes sociais que despontaram recentemente como recursos significativos para as organizações e para as pessoas no trabalho (Almeida, Mazzon, Dhalakia & Muller-Neto, 2011; Gudolle, Antonello & Flach, 2012). No caso da equipe do restaurante mencionado, os mais engajados promoveram maiores vendas em alimentos e bebidas, gerando aumento de lucro para a empresa.

O engajamento das pessoas no trabalho tem efeito no aumento da rentabilidade de uma empresa, e isso foi demonstrado por um estudo de larga escala nos Estados Unidos, que incluiu mais de 8.000 unidades de negócios de 36 empresas (Schaufeli, Bakker & Salanova, 2006). Foi calculado o escore médio de engajamento dos funcionários de cada unidade de negócio, o qual foi associado aos resultados financeiros e de negócios das empresas e pôde-se perceber que os mais engajados nas unidades de negócios eram os mais produtivos e, consequentemente, os que geraram mais lucro; além disso, a rotatividade ou dias de trabalho perdidos por acidentes de trabalho ou doença eram menores, se comparados com os funcionários menos engajados. As diferenças entre os mais engajados e os menos engajados foi substancial; notou-se que a produtividade relativa dos funcionários mais engajados rendeu ao mês para as unidades de negócios pesquisadas de U$ 80.000 a U$ 120.000 a mais do que os menos engajados.

Ser um funcionário engajado no trabalho não significa apenas ser melhor ou mais rápido em suas atividades, envolve também o desejo de 'caminhar mais uma milha', no sentido de ajudar o colega quando ele necessita, mesmo que isso não faça parte de suas responsabilidades no trabalho, de se candidatar para trabalhos voluntários importantes na comunidade, ou, ainda, de intervir em conflitos entre os colegas; o que não significa que funcionários engajados sejam menos assertivos ou tenham dificuldade em dizer 'não' para o que lhe é demandado a mais. Funcionários engajados tendem a contribuir mais com as metas organizacionais porque sentem prazer no que fazem e também para criar um ambiente positivo no trabalho, e este apreço pode ser observado no estudo com secretárias, que demonstrou que os mais engajados assumem desafios no trabalho de modo mais prazeroso do que os menos engajados. Tarefas como auxiliar na seleção de pessoas, compilar informações importantes para manutenção de *website* ou organizar congressos foram descritas por elas como divertidas e recompensadoras.

Outro aspecto observado se refere a funcionários engajados que realizam atividades de atendimento ao cliente; evidenciou-se que tais colaboradores costumam se certificar mais da satisfação dos clientes e de sua volta à empresa.

Este dado emergiu de um estudo realizado em mais de cem hotéis e restaurantes na Espanha, onde um clima de bom atendimento era criado pelos funcionários engajados, de modo diferenciado (Salanova, Agut & Peiró, 2005). De acordo com os clientes entrevistados, a equipe engajada era amigável, prestativa, profissional e orientada para o cliente e o resultado foi que os clientes se mostraram ávidos para retornar, o que sugere que o engajamento da equipe pode ser um importante componente na promoção da lealdade do cliente. Do mesmo modo, podemos dizer que é mais agradável ser tratado por um médico engajado quando se é um paciente, pois, como mostra uma pesquisa com mais de 2.000 médicos residentes na Alemanha, 56% indicaram que cometeram algum erro nos últimos seis meses que poderia ter causado danos à saúde de seu paciente. Interessante notar que relativamente poucos erros foram reportados para os médicos mais engajados; ao passo que os que tinham sinais da síndrome de *burnout* foram os que mais relataram este tipo de equívoco.

Finalmente, é possível afirmar que trabalhar com um supervisor ou gestor engajado é um atrativo muito maior para o funcionário, além de ser mais agradável. Este aspecto foi especialmente destacado nos estudos com professores (Bakker & Schaufeli, 2000; Bakker, 2005), que relataram que atuar pelo princípio de trabalhar engajados com colegas e supervisores os tornava não apenas mais produtivos, mas também mais criativos na solução de problemas emergentes. Eles consideram que o engajamento os torna, ainda, líderes melhores no trabalho. De modo geral, a literatura especializada denomina gerentes engajados de líderes transformacionais, os quais são mais do que bons gerentes, pois possuem uma visão acurada para as necessidades e o potencial das pessoas que trabalham com eles, coordenando, inspirando e estimulando seus colaboradores para que eles deem o máximo em suas atividades, aprimorando seus recursos de trabalho e o nível de engajamento de sua equipe. Esse tema será retomado nos próximos capítulos.

2.2.2 Como é ser engajado no trabalho?

É importante observar o que ocorre quando a pessoa trabalha engajada. O que faz com que você tenha um melhor desempenho? Nós já discutimos brevemente que os recursos de trabalho de que dispõe fazem com que você se sinta mais forte, valorizado e com apoio adequado para realizar suas atividades, e isso, em geral, aumenta sua motivação e envolvimento com o trabalho. Mas o que o engajamento produz na pessoa que trabalha, individualmente?

Emoções positivas

Primeiramente, o engajamento no trabalho proporciona mais emoções positivas pois a pessoa se sente feliz, alegre, energizada, otimista e autoconfiante. Em última análise, estar engajado no trabalho faz com que a pessoa se sinta bem, e, estando bem-humorada, ela busca ativamente realizar suas atividades no trabalho e sente que fazer o que é esperado não é uma tarefa tão difícil. Seu desempenho se aprimora de um modo dinâmico, sem esforço desmedido na obtenção de metas planejadas ou calculadas para suas atividades de modo automático. Outra importante influência das emoções positivas ocorre na sua atitude em relação ao trabalho, pois, de modo geral, num ambiente onde a pessoa se sente positivamente engajada, sua mente se torna mais aberta para novas possibilidades. Significa que, quando se sente bem, é mais provável que ela se abra para outras pessoas e novas oportunidades, desafios, soluções e métodos de trabalho diferentes do que está acostumada, e o bom-humor influencia positivamente em sua criatividade e capacidade de solução de problemas. Um estudo inovador com médicos ilustra o que queremos dizer: um grupo de médicos foi induzido ao humor positivo por meio de um pequeno agrado, enquanto outro grupo (grupo controle) não recebeu nada. Em seguida, foi solicitado aos médicos que resolvessem palavras-cruzadas. Os que tinham recebido o agrado desempenharam a tarefa com um humor mais positivo e se saíram significativamente melhor do que os que não receberam nada, cujo humor não era dos melhores naquele momento.

Importante notar que aqueles que se sentem bem também são os mais sociáveis porque quando está de bom-humor, a pessoa pode ter uma conversa com colegas ou clientes/pacientes, ou ajudar alguém que precisa disso, e sua atitude no trabalho em relação aos outros muda para melhor. Isso não ocorre apenas por estar de bom-humor e, por causa disso, se interessar mais pela interação social com colegas no trabalho, muito menos por ter mais ânimo para se relacionar com os outros. Pesquisas têm demonstrado que as emoções positivas fortalecem as conexões interpessoais mutuamente e de forma subconsciente, porque algo acontece em sua mente quando você está de bom-humor e você percebe os outros de modo similar, identificando-se com estas pessoas e fazendo com que elas o conheçam melhor. Em resumo, sentir-se bem no trabalho faz com que você se comporte diferente se comparado com o modo como age quando está de mau-humor ou se sente ranzinza.

Saúde em dia

O engajamento no trabalho não se relaciona apenas com o bom-humor que promove melhor desempenho; pessoas engajadas geralmente gozam de boa saúde, na medida em que sofrem menos de acometimentos psicossomáticos e físicos, assim como dores de cabeça, preocupações, dificuldades em dormir, tensão muscular etc. Claro que, quanto mais saudável se é, mais seu desempenho tende a ser melhor no trabalho, o que significa que a pessoa adoece com menos frequentemente frequência e que, quando está trabalhando, se sente forte, vigorosa e pronta para executar suas atividades com alto nível de desempenho.

Construindo seus próprios recursos de trabalho

Pessoas engajadas também são mais produtivas porque elas costumam criar ou aprimorar seus próprios recursos de trabalho. Se elas precisam de apoio, por exemplo, procuram ativamente obtê-lo e o fazem mais do que seus colegas menos engajados. Por causa de seu otimismo, autoconfiança e bom-humor, elas assumem tarefas mais desafiadoras e, em função disso, se relacionam com pessoas diversificadas no trabalho, o que impulsiona a própria carreira e o desenvolvimento pessoal dessas pessoas, já que aprendem novas habilidades e aumentam suas competências profissionais. Ou seja, uma vez engajadas, emerge nas pessoas uma espiral positiva que as impulsiona para novos níveis de engajamento e desenvolvimento profissional. Vamos tratar desta espiral ascendente em detalhes no Capítulo 5.

Motivação intrínseca

Segundo Borges, Alves-Filho e Tamayo[1] (2008, p. 216), "os significados que os indivíduos atribuem ao seu trabalho estão associados às suas motivações e ambos, os significados e motivações, ao que fazem no ambiente de trabalho e à forma como se relacionam com esse ambiente e com a organização empregadora". O conceito de engajamento no trabalho permeia o que conhecemos como motivação intrínseca. Colaboradores intrinsecamente motivados trabalham principalmente pelo prazer e não apenas porque serão recompensados

---

[1] Borges, Alves-Filho e Tamayo (2008) elaboraram o Inventário da Motivação e do Significado do Trabalho (IMST) a partir de estudos científicos desenvolvidos no Brasil por estes pesquisadores e seus associados. O IMST é um instrumento que foi testado quanto à validade, consistência e estrutura fatorial, tendo sido padronizado e normatizado para a população brasileira. Para maiores informações sugere-se consultar este trabalho conforme referência no final deste livro.

externamente. A recompensa externa é percebida como uma consequência do trabalho realizado. Aliás, pode-se dizer que o trabalho por si mesmo já é uma recompensa para estas pessoas, visto que elas se movem pelo prazer intrínseco de realizar; são diferentes das pessoas com motivação extrínseca, porque estas são movidas por fatores externos, como salário, incômodos ou demandas do chefe, e realizam suas atividades porque 'têm que' realizá-las, são suas obrigações no trabalho. Já as pessoas motivadas intrinsecamente não estão preocupadas em realizar as atividades que os outros esperam delas nem trabalham apenas para ganhar a vida; são motivadas para realização, por isso suas atividades as energizam, elas sentem prazer em realizá-las e acreditam que seu trabalho é importante. Em resumo, colaboradores intrinsecamente motivados valorizam seu trabalho por motivos que lhe são próprios, cujo significado particular lhes é caro e relevante. Eles buscam dar o melhor de si e extrair para si o melhor do seu trabalho, o que tem um impacto positivo, como se pode facilmente perceber.

Se você se considera uma pessoa intrinsecamente motivada, então é alguém que procura fazer seu trabalho o melhor que pode, independe se o resultado é ou não valorizado por seu supervisor ou gestor. Claro que o reconhecimento das pessoas é importante, mas para este tipo de pessoa o desejo de se desempenhar bem é interno, elas simplesmente gostam do seu trabalho e veem suas atividades como inspiradoras, e ainda ajudam os colegas sem esperar retorno, porque sentem que é algo importante a fazer. Chamamos esta atitude de 'Efeito do bom samaritano', pois cria um conjunto de ações de boa vontade entre colegas, através da qual as pessoas mais engajadas no trabalho costumam ser incumbidas de tarefas mais desafiadoras, o que aumenta ainda mais a motivação intrínseca e o nível de engajamento delas no trabalho. Por outro lado, pessoas extrinsecamente motivadas e que não estão engajadas no trabalho irão facilitar seu trabalho o máximo possível, especialmente quando não estão sendo monitoradas e farão isso não para se desempenhar melhor, mas porque trabalham estritamente dentro do necessário para receberem o salário pelo qual são pagas.

2.3 O Modelo recursos-demandas[2] no trabalho

Discutiremos a seguir as causas e consequências do engajamento no trabalho: estas informações serão sumarizadas num modelo teórico que denominamos Modelo **R**ecursos e **D**emandas no **T**rabalho (Modelo RDT). A Figura 6 é uma síntese do que vamos explicar neste tópico.

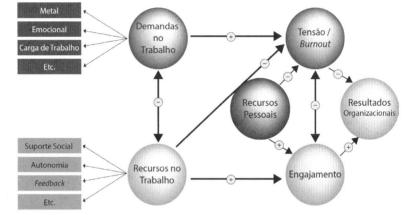

Figura 6. O Modelo RDT.

O modelo RDT inclui um processo de desgaste/erosão de energia e um processo motivacional (engajamento). A erosão de energia advém das exigências elevadas do trabalho, que conduzem ao *distress* e a uma subsequente tensão crônica relacionada ao trabalho; como ocorre na síndrome de *burnout*. Essa erosão tem efeito negativo para todos os resultados organizacionais desejados, e as consequências podem ser observadas, por exemplo, em certas ausências por adoecimento ou no desgaste de funcionários com consequente diminuição de seu desempenho médio. É preciso atenção elevada com funcionários que chegaram a esta situação, haja vista a importância de se tratar estes casos. No entanto, como deixamos claro desde o início deste livro, é essencial que se

---

[2] Job Demand Resources Monitor (JD-R Monitor), em inglês. Este modelo foi elaborado e pesquisado pelos primeiros autores deste livro e seus colaboradores em diversos países. Uma demonstração do modelo pode ser obtida em www.sn.nl/inzicht. No entanto, as questões ali apresentadas são apenas exemplos gerais, visto que os autores elaboram cada pergunta do JD-R Monitor de modo específico à organização em que atuam em pesquisa ou consultoria.

estabeleça também um foco efetivo na promoção dos aspectos positivos do trabalho (recursos e engajamento no trabalho), em conjunto com as ações preventivas e de redução dos aspectos negativos (exigências/demandas elevadas e tensões no trabalho). O processo de engajamento no trabalho evidencia como os recursos diversificados conduzem a resultados organizacionais positivos e à promoção da saúde dos trabalhadores. O modelo RDT inclui os recursos pessoais (recursos internos) em sua análise, demonstrados na Figura 4, porque eles são essenciais na promoção do engajamento das pessoas no trabalho. São eles também que permitem à pessoa o enfrentamento das situações de tensão no trabalho através de estratégias individuais de promoção de saúde ou de prevenção de adoecimento crônico, como a síndrome de *burnout*.

O modelo RDT foi elaborado a partir de robusta pesquisa científica com trabalhadores de várias organizações, em países como Áustria, Bélgica, China, Alemanha, Finlândia, Espanha e Suécia. Mesmo considerando que a prática é mais complexa que qualquer modelo teórico poderia explicar, o modelo RDT procura capturar causas e consequências essenciais do engajamento no trabalho e, ao mesmo tempo, analisar a existência de *burnout* ou *distress* no trabalho. As evidências empíricas obtidas nas pesquisas mencionadas dão suporte fundamental para elaborar intervenções positivas e mensurar os fatores que promovem o engajamento no trabalho, além de nos ajudar na identificação das fontes de *burnout* específicas àquela organização de trabalho e quais aspectos são mais importantes para o engajamento dos funcionários nestas empresas.

3 O QUE UM FUNCIONÁRIO PODE FAZER PARA AUMENTAR SEU ENGAJAMENTO NO TRABALHO

Neste capítulo vamos discutir o que a pessoa, como funcionário ou colaborador, pode fazer individualmente para aumentar seu engajamento no trabalho. Como já apontamos nos capítulos anteriores, existem alguns aspectos em que a pessoa pode atuar sem esperar que a organização lhe proporcione todos os recursos para poder agir e se engajar. Em certo nível, a pessoa pode tomar a iniciativa e agir de modo assertivo, mas também pode ser até que nada aconteça se todos ficarem esperando que alguém tome a iniciativa. Por último, ainda que a organização faça bastante, é preciso que as pessoas se engajem nas mudanças que estão sendo promovidas para que obtenham os recursos necessários e novas ações com resultados efetivos sejam desenvolvidas.

Frequentemente, os colaboradores são os que melhor sabem de suas necessidades, sobre aquilo que é importante ou essencial para que seu trabalho seja benfeito e, ao mesmo tempo, prazeroso. Pode ser que alguns colaboradores não tenham essas informações imediatamente e que atuem com um sentimento vago de desconforto com o trabalho; é aí que o modelo RDT pode ajudar a esclarecer onde está o problema. Serão recursos pessoais que estão faltando? As exigências no trabalho que estão pressionando demais os colaboradores? Ou você sente que há algo errado no trabalho ou em si mesmo e que pode estar afetando seu desempenho no momento? Uma vez que o problema é evidenciado, as pessoas podem agir sobre ele e resolver a situação, mesmo que isso leve algum tempo. Nesse capítulo, exploraremos as ações que a pessoa que trabalha pode realizar para obter recursos importantes para seu trabalho, lidar com as pressões e, consequentemente, aumentar seu engajamento no trabalho. Não trataremos aqui das ações que a organização pode implantar neste sentido porque este será o assunto do Capítulo 4.

3.1 Recomendações para os trabalhadores

Recomendação 1:   Fale sobre as fontes de estresse em sua vida profissional

Falar sobre o que o incomoda é importante. Não esconda sua irritação, frustrações ou problemas; isso fará com que você fique tenso. Se você é suscetível, pode até mesmo desenvolver sintomas psicossomáticos, como dores de cabeça, problemas para conciliar o sono ou respiração agitada. Para sua saúde mental e física é importante conversar sobre os problemas e o estresse que você sente no trabalho ao invés de ser ranzinza, mau-humorado e se fechar. Falar ajuda a ver os problemas de forma diferente porque ao descrevê-los para outra pessoa você acaba colocando-os em perspectivas diferentes; falar também permite que as pessoas saibam do que não gosta ou quando efetivamente não quer alguma coisa e, como as pessoas não podem simplesmente adivinhar, ao se manter calado você também colabora para que tudo se mantenha como está. Quando você decide não falar, pode alimentar a expectativa de que hajam mudanças, pelo menos não por sua influência; compartilhar problemas e preocupações, portanto, é um modo de permitir que as pessoas lhe deem suporte ao perceberem que não se sente bem no trabalho; além da oportunidade de ser ouvido, você também oferece uma chance para que elas tentem o ajudar ou confortar, promovendo possíveis mudanças no ambiente de trabalho.

Como você pode observar, o suporte social e emocional que obtém em suas interações interpessoais é importante, mas somente terão significado positivo se você estiver disposto a ouvir e resolver a situação; ao invés de apenas querer expressar sua raiva, frustração e descontentamento. O significado que você atribui ao trabalho pode ser modificado (de modo positivo ou negativo) a partir das relações sociais que estabelece e do modo como colegas, gestores e organização fornecem suporte para solução de conflitos, negociação de recursos e controle/autonomia de atuação, mas, com quem você deveria falar? Isso depende. Você pode falar com sua esposa ou marido, companheiro(a), ou outro membro de sua família, e eles podem auxiliar oferecendo suporte emocional, porém, o problema é que nem sempre eles têm uma visão clara do que ocorre e, obviamente, não podem influenciar no modo como as coisas são organizadas no seu ambiente de trabalho. Em termos práticos, seu suporte é emocional, porém indireto.

Uma opção é falar com um colega de trabalho que lida com os mesmos enfrentamentos que você, pois seus colegas de equipe podem oferecer suporte psicossocial e emocional que irá influenciar de forma significativa na opinião que cada um atribui ao seu trabalho. O que faz a diferença nesta relação é que esse suporte se configure em alguma atitude positiva de buscar soluções possíveis para as situações enfrentadas e este processo tem impacto direto no engajamento das pessoas no trabalho. Todavia, de outra forma, corre-se o risco de gerar um ambiente de constantes reclamações que terminam influenciando os colaboradores negativamente, numa espiral decrescente de engajamento. Ao contar problemas e motivos de estresse que está vivenciando no trabalho, é possível que você esteja reforçando as preocupações, queixas e emoções negativas de outros colegas, afinal, vocês convivem no mesmo ambiente de trabalho e é bem possível que o que está o influenciando negativamente possa ter efeito similar ou igual em seus colegas. Do ponto de vista das relações interpessoais no trabalho, pesquisas demonstram que uma atmosfera negativa de queixas e reclamações constantes, sem busca de soluções no médio ou longo prazo, se dissemina entre colegas rapidamente, o que resulta em níveis mais altos de estresse, *distress* ou *burnout* naqueles que fazem parte da equipe de trabalho insatisfeita ou exausta.

A terceira possibilidade, e talvez a mais adequada, é procurar pessoas na organização que possam intervir objetivamente naquilo que está causando seu descontentamento. Se for um problema sentido pela equipe em que está inserido ou por colegas de diferentes setores, é possível expressar o descontentamento de forma coletiva, demonstrando o que está interferindo negativamente no engajamento de vocês no trabalho.Se bem encaminhada, esta atitude pode estimular intervenções positivas que se configurem em intervenções para promoção do suporte organizacional necessário para que as pessoas se engajem prazerosamente no trabalho. Um aspecto importante a se considerar é que pode ser difícil falar de seus problemas e frustrações com outras pessoas no seu trabalho, sejam quais forem seus papéis na empresa. Para fazer isso, é preciso que sinta vontade de se expor, talvez para alguém que não conhece muito bem ou em quem não tem total confiança. Como a maioria de nós, é possível que tenha medo de ser julgado de modo negativo e que suas intenções não sejam compreendidas de modo adequado. No entanto, em situações de desconforto maior, são poucas as alternativas e talvez seja necessário que você supere essas barreiras através das relações interpessoais ou pelo compartilhamento.

Pesquisas têm demonstrado que homens e mulheres frequentemente se diferenciam no modo como falam de seus problemas e estresses, assim como lidam com eles de modo diversificado (Eagly, Johannensen-Schimdt & Van Engen, 2003; Schwartz, Keyl, Marcum & Bode, 2009). De modo geral, mulheres estressadas sentem uma forte necessidade de serem ouvidas e de compartilhar seus sentimentos com os outros, deixando claro o que as afeta negativamente. Homens, por sua vez, demonstram maior incômodo quando precisam ouvir alguém expressar sentimentos e preferem se manter concentrados nas atividades de trabalho e resultados concretos. Algumas incompreensões nas relações das pessoas em seu trabalho podem advir das questões relacionadas ao gênero; o que significa dizer que homens e mulheres se expressam de forma diferente e isso não tem nada a ver com desempenho ou capacidade de trabalho. No entanto, o modo como se relacionam e se comunicam influencia diretamente o ambiente em que trabalham.

Conflitos gerados porque homens acham que é preciso parar com as queixas infindáveis (ou expressar sentimentos e estresse) e mulheres se sentem mal-compreendidas ou grosseiramente criticadas são mais comuns na vida organizacional do que se imagina. Porém, é preciso enfatizar que as mudanças no mundo do trabalho e na sociedade tem feito com que tais diferenças possam ser superadas, levando homens e mulheres a compartilhar e buscar soluções para os problemas de forma equilibrada e equânime. Estar consciente das diferenças e valorizá-las é uma atitude que gera os mais diversos benefícios nas relações interpessoais no trabalho, não apenas entre homens e mulheres. É preciso estar aberto a ouvir, entender e ter compaixão pelas pessoas, do mesmo modo que é necessário intervir ou apresentar atitudes positivas na busca de soluções. A diversidade de pessoas no trabalho só aumenta a riqueza de recursos pessoais na organização, possibilitando novas configurações no trabalho, aumento da criatividade, inovações, entre outros. A qualidade das relações interpessoais e o suporte que estas fornecem (psicossocial, emocional e organizacional) são elementos cruciais do engajamento das pessoas no trabalho.

EXERCÍCIOS DE ESCRITA PODEM AJUDAR
EXERCÍCIO 1

Você tem algo que deseja compartilhar, mas tem medo? Uma dica é escrever antes de falar. Escreva sobre o que gostaria de falar, relatando para si mesmo o que está o incomodando e como se sente sobre isso. Existe alguém com quem tenha dificuldades ou para quem você gostaria de dizer algo? Descreva o que você gostaria de dizer para esta pessoa. Você notará que, ao fazer este exercício, será capaz de reformular seus pensamentos e sentimentos. Pode até ajudá-lo a, eventualmente, discutir com a pessoa os aspectos que o incomodam com o objetivo de resolver suas dificuldades.

EXERCÍCIO 2

Escreva uma carta para aquela pessoa que o está aborrecendo. Leve o tempo que precisar e escreva quantas versões achar necessárias. Sua intenção não será enviar esta carta, mas expressar seus sentimentos e pensamentos da forma mais objetiva possível. É provável que você se sinta aliviado somente em escrevê-la e possa até superar a questão neste momento. Porém, se escrever não for suficiente, pode ser o caso de o conteúdo da carta ser o seu primeiro passo para pensar numa conversa produtiva com esta pessoa. Faça uma lista das coisas que gostaria de dizer-lhe e se prepare para, eventualmente, tratar do assunto com a pessoa. No exercício 3 (p. 58) explicaremos um modo, denominado fórmula XYZ, que você pode usar para escrever a carta ou, se for o caso, conduzir uma conversa com ela.

RECOMENDAÇÃO 2: SEJA ASSERTIVO EM SUAS RELAÇÕES PROFISSIONAIS

Falar sobre o que o incomoda tem a ver com enfrentar suas próprias dificuldades, o que é também chamado de assertividade e ser assertivo significa superar situações adversas. Não é apenas dizer o que você gosta ou não gosta, mas também intervir na situação de modo positivo. É evidente que expressar descontentamento e ressaltar o que não pode ser aceito no trabalho é algo difícil para qualquer pessoa, independente de sua função na organização, e, dependendo do modo como a organização e seus colegas lidam com este tipo de comportamento, pode ser ainda mais complicado. Por outro lado, a dificuldade pode estar em dizer 'não' para as atividades que são solicitadas porque as pessoas costumam ficar preocupadas com o quanto podem ser rejeitadas ou prejudicadas por causa disso. Quando estas solicitações são feitas por seus gestores, no entanto, a preocupação pode ser pela percepção de que seu desempenho no trabalho pode ser mal avaliado em função de uma resposta negativa. De modo geral, as pessoas querem ser aceitas, se adaptar ao ambiente de trabalho, sentir que pertencem ao grupo em que está inserido na organização, logo, quando isso acontece as pessoas costumam se sentir mais felizes e satisfeitas consigo mesmas. Por isso, não é de se estranhar que acatem as mais diferentes solicitações para agradar os colegas e para criar um clima cooperativo no trabalho, contudo, muitas pessoas entram em conflito quando sua atitude as leva a realizar múltiplas atividades que são um fardo, apenas para agradar ou ser aceito.

Existem diversos motivos pelos quais a pessoa pode decidir não ser assertiva nem dizer 'não' para os pedidos que lhe são feitos no trabalho. De modo geral, a menor assertividade para lidar com estas situações se relaciona também com a falta de autoconfiança, visto que algumas pessoas que não se sentem (completamente) capazes e, normalmente, projetam esse sentimento nos outros. Este tipo de característica pode fazer com a pessoa reaja aceitando as solicitações pela crença de que será rejeitada se não aceitar ou se expressar suas dificuldades em realizar o que lhe é solicitado. Na prática, porém, é bem diferente. Dizer 'não' e estabelecer alguns limites saudáveis podem ser atitudes valorizadas no trabalho, porque quando a pessoa expressa seus motivos com confiança e, ainda, apresenta alternativas para que a atividade solicitada possa ser feita com excelência na organização, suas ideias provavelmente serão mais valorizadas, mais do que se ela fizer um trabalho mal feito por falta de condições ou conhecimento.

Em alguns casos, não existe a possibilidade de dizer 'não', o que não significa que algumas condições não possam ser negociadas, especialmente se o que está sendo solicitado é importante e precisa ser bem executado. Você notará que nem tudo que lhe é pedido está sendo imposto e é possível de ser negociado de forma positiva. Quando alguém aceita toda e qualquer demanda, parece dizer aos outros que é uma pessoa disponível para qualquer situação, porém, se por um lado esta atitude pode criar novas oportunidades de aprendizagem; por outro, pode evidenciar um desempenho menos qualificado na medida em que você estará assumindo tarefas entediantes ou desafios para os quais ainda não se sente preparado. É preciso analisar este risco e notar que é possível expressar com confiança o que pensa e o que deseja ao trabalhar nessa organização sem que seja, necessariamente, rejeitado. Não é tão complicado esclarecer os limites do que gosta ou não gosta no trabalho, desde que o faça com sabedoria e numa atitude positiva, mesmo em empresas altamente competitivas, que exigem elevado comprometimento com resultados por parte de seus colaboradores e onde o estabelecimento de limites é ainda mais importante e permitirá a você assumir responsabilidades compatíveis com seu engajamento no trabalho. A assertividade, em nível adequado, permite que as pessoas se posicionem e torna as relações interpessoais menos ambíguas e mais transparentes.

Evidentemente, é preciso habilidade no trato social com seus colegas para dizer o que pensa ou sente, mas é preferível um 'não' sincero a um 'sim' duvidoso, mal-humorado ou que será alvo de reclamações futuras; concordar sem ter vontade, simplesmente pela obrigação ou pelo medo de ser rejeitado, pode fazer com que as pessoas duvidem de que você vai fazer o que foi solicitado de forma eficiente. Delimitar espaços, responsabilidades e limites na atuação profissional é um modo de desenvolver um ambiente de trabalho saudável. Por exemplo: se um colega de trabalho pede para trocar de horário e você não tem condições de aceitar ou não tem vontade, negar pode ser difícil, especialmente se achar que simplesmente dizer 'não' seria um modo pouco caloroso de tratar o pedido de colega; ao invés de aceitar em prejuízo a si mesmo, o que você pode fazer é procurar ajudá-lo a encontrar uma saída com outra pessoa que queira trocar de horário ou eles poderão negociar a troca em outro momento. Dizer não também pode significar uma oportunidade de ajudar a pessoa, mesmo sem atender ao pedido dela diretamente. Isso abrirá o caminho para uma conversa mais honesta e confiável entre vocês, além de promover satisfação para todos.

As pessoas esquecem com frequência que os conflitos não precisam, necessariamente, ser negativos. Na verdade, lidamos com problemas e tensões de modo cotidiano em nosso trabalho. Os conflitos podem até ser construtivos porque exigem maior clareza das pessoas, criatividade, abertura e maturidade em sua negociação e as soluções encontradas para lidar com certas tensões emergentes podem se configurar em melhorias que, sem o conflito inicial, não teriam sido descobertas ou elaboradas. Se você costuma evitar toda e qualquer forma de conflito, com medo da rejeição ou do 'calor' dos argumentos, pode ser que seus colegas de trabalho o vejam como uma pessoa pouco cooperativa, ambígua ou difícil. Este é o tipo de rótulo que pode gerar ainda mais conflitos interpessoais, de difícil resolução e a maioria deles, inclusive, parece ocorrer justamente porque não se sabe abertamente o que as pessoas pensam, sentem ou gostam de modo realístico. Discutir com sinceridade e sabedoria os problemas enfrentados nas atividades de trabalho não apenas faz com que as pessoas se sintam mais satisfeitas, como também fortalece sua relação com os outros; lidar assertivamente com os problemas beneficia tanto as pessoas e suas relações no trabalho como a própria qualidade do ambiente na organização.

Ser assertivo no trabalho é mais difícil quando você está lidando com pessoas de cargos hierarquicamente superiores ao seu. É preciso dosar sua assertividade, obviamente, e adequá-la às situações que vivencia. Existem locais de trabalho onde dizer o que pensa é considerado desrespeito e dificilmente será aceito como uma atitude positiva; por exemplo, em organizações militares. No entanto, mesmo nas organizações onde o respeito aos níveis hierárquicos é um elemento-chave, é possível ser positivamente assertivo, mas, para isso, a pessoa precisará ser prudente e ousada ao mesmo tempo; quem ousa ser assertivo, e o faz com sabedoria, tem maior probabilidade de ser ouvido por seu superior hierárquico, sem retaliações. Porém, essa 'sabedoria prudente' deve ser exercitada, por isso, é importante que a pessoa pense cuidadosamente no que pretende dizer e na repercussão de suas palavras para o outro. Algumas vezes, porém, a situação emerge inesperadamente e é preciso responder na hora. Nesse caso, a saída mais efetiva seria ganhar tempo, solicitando ao seu superior hierárquico um momento mais apropriado para respondê-lo e este tempo o ajudará a ponderar se concorda ou se prefere dizer 'não'.

Delimitar suas fronteiras nas relações interpessoais é uma parte importante da assertividade, mas, como pode observar nos parágrafos anteriores, ser assertivo não é apenas saber dizer 'não'. Significa também ser capaz de assumir uma atitude pró-ativa, agindo ativamente para obter o que precisa e da melhor forma possível, ao invés de ficar esperando que cheguem até você, observando o tempo certo para agir e impedindo que situações imprevistas o constranjam.

> ### EXERCÍCIO 3: USANDO A FÓRMULA XYZ
>
> Muitas pessoas escondem sua irritação porque sentem medo de magoar os outros ou porque não querem entrar numa briga indesejável. A fórmula XYZ pode ajudar nestes casos. Primeiro você deve apontar qual *comportamento* (X) da outra pessoa que o irrita de modo factual, numa perspectiva impessoal. Em seguida, designe qual *situação* (Y) – onde e quando – essa pessoa se comportou dessa maneira e, por último, descreva quais *sentimentos* (Z) foram evocados em você. Por exemplo, suponha que seu colega, com quem você compartilha o escritório, seja uma pessoa que converse muito e isso o impossibilite a concentração necessária para fazer seu trabalho; você pode expressar isso educadamente, porém de modo direto, dizendo, por exemplo: *"O fato de você ficar falando com a Mariana sobre o fim de semana está me irritando e por causa disso eu não consigo me concentrar, sinto que você não se importa e isso me deixa desapontado"*. Sua mensagem aqui foi clara o suficiente porque seu colega sabe exatamente qual é o comportamento que está o irritando e como você se sente por causa disso. Esta é uma atitude mais positiva do que se você ficasse quieto e irritado ou se despejasse sua irritação sem aviso, como uma explosão de agressividade ou mau-humor fora de contexto.

Conversando com seu chefe

Frequentemente seu chefe é a primeira pessoa responsável quando o assunto são as fontes de estresse no trabalho e ele tem condições para intervir de modo a modificar algumas situações importantes neste contexto. Conversar com ele, explicando o que o incomoda, é de extrema importância. No entanto, para ter sucesso em uma conversa deste tipo, é preciso que você tenha atenção a alguns princípios:

- Assegure-se de que tem um objetivo claro nessa conversa e tenha uma pauta com o(s) assunto(s) relevante(s) para esta reunião.
- Não aborde seu chefe no corredor ou entre reuniões, se o que deseja é uma conversa dessa natureza, solicite horário e local adequados.
- Certifique-se de que seu chefe está dando a devida atenção aos assuntos que está tratando com ele.
- Seja sucinto, ao máximo possível.
- Dica: quando expuser sua argumentação, aplique:
  (1) "Tenho notado que ... "(Exponha sua dificuldade atendo-se aos fatos)
  (2) "Isso faz com que eu me sinta ..." (Descreva sua reação e como se sentiu)
  (3) "Eu gostaria ... "(Sugira uma possível solução).
- Finalize a conversa de vocês com uma síntese do que foi decidido e se será necessário algum tipo de reunião ou relatório de acompanhamento das ações acordadas.

Fonte: Rigo van Meer (1997).

Recomendação 3: Eleve sua resiliência na prática profissional

No trabalho, lidamos continuamente com frustrações e situações desagradáveis, onde cada um reage de maneira diferente: algumas pessoas perdem seu equilíbrio emocional e se sentem desmotivadas ou muito estressadas (*boreout* ou *burnout*), outras não se deixam mobilizar pelos acontecimentos, mantendo seu comportamento usual; porém elas se sentem afetadas e a sensação desagradável pode perdurar por algum tempo. O que as mobiliza para pensar antes de reagir, buscando soluções possíveis para a situação de conflito ou desprazer. Este tipo de reação costuma produzir melhores resultados para a pessoa porque ela não apenas "sobrevive" ao evento negativo, mas reage às adversidades de modo positivo. Tal atitude que faz com que aprenda com as frustrações e tensões, atribuindo novos significados para tais situações, o que também influencia seu modo de interpretar outras situações adversas que possam surgir, tornando-a mais forte para o enfrentamento dos conflitos e tensões que podem emergir. Chamamos essa adaptação positiva de resiliência.

No Capítulo 1 defendemos a importância da adaptação positiva das pessoas no enfrentamento de situações de estresse no trabalho, mas como a pessoa realiza essa adaptação? A palavra resiliência tem sido usada para explicar como isso acontece. Segundo Reppold, Mayer, Almeida e Hutz (2012, p. 203), a resiliência é *"a capacidade de um indivíduo superar, com relativo sucesso, condições adversas ou situações que envolvem risco ao seu bem-estar, desenvolvimento e saúde mental"*. Na vida prática, as pessoas utilizam vários padrões distintos de adaptação e estratégias para enfrentamento dessas situações. Isso depende do tipo de adversidade com que estão lidando ou das condições adversas presentes na situação (fatores de risco). Por outro lado, os recursos internos de que a pessoa dispõe para se adaptar ajudam a criar alguns fatores de proteção para si mesma. Por isso, no Capítulo 2 listamos a resiliência como um dos recursos internos de trabalho a ser considerado e estimulado.

É importante dizer que pessoas que empregam a resiliência como estratégia de adaptação positiva frequente geralmente são engajadas, otimistas e autoconfiantes, e autoconfiança e otimismo compartilham um princípio comum: há um forte sentimento de influência ou controle em ambos, o que significa dizer que pessoas com tais características acreditam que podem influenciar a direção que suas vidas vão tomar. Eles não se sentem como marionetes sendo controladas pelo destino. Pessoas autoconfiantes e otimistas apresentam esperança no futuro e têm confiança de que irão alcançar seus objetivos no trabalho. Tais qualidades psicológicas são autorrealizáveis naqueles que expressam sua resiliência no trabalho porque percebem seus objetivos como alcançáveis, o que significa que se esforçarão ao máximo para atingir suas metas, porém de modo positivo e saudável em sua prática profissional, par, obviamente, aumentar suas chances de sucesso e realização no trabalho.

Autoconfiança e otimismo são qualidades que podem ser desenvolvidas nas pessoas, assim como a resiliência para lidar com os desafios e adversidades da prática profissional e na vida pessoal. Abaixo apresentamos alguns modos que podem facilitar a adaptação positiva no trabalho; se for um gestor de equipes, você também pode ajudar seus colaboradores neste processo estimulando-os a pensar de modo pró-ativo sobre sua carreira na empresa, promovendo o entendimento sobre como fazer um plano realista e plausível que sirva de guia para seu trabalho. O apoio social é importante para as pessoas desenvolverem a resiliência, pois, juntos, vocês podem criar situações em que a pessoa precise enfrentar desafios sem que estes a desestimulem, visto que estará empenhada em moldar seu futuro profissional. Como gestor, suas decisões têm um papel importante no modo como as pessoas têm acesso aos recursos, na caracterização do processo de trabalho e na facilitação da resolução de conflitos.

EXERCÍCIO 4: DESENVOLVA UMA ADAPTAÇÃO POSITIVA NO TRABALHO

Parte 1: Seu self ideal

Descreva e visualize a imagem ideal de si mesmo, que expresse quem você gostaria de ser no trabalho e imagine este *self* ideal de modo mais objetivo possível. O que você faz, quem se tornou e o que é capaz de fazer? Escreva tudo isso em palavras-chave e procure criar situações que o permitam desenvolver essa imagem do seu *self* ideal de modo concreto em suas atividades de trabalho.

Parte 2: Pense positivamente

Procure substituir pensamentos pessimistas por outros mais positivos. Isso envolve diferentes tipos de pensamentos, tais como:

Sempre o pior dos cenários. Quando algo dá errado, é porque o desastre é iminente. Você pensa: 'Se eu arruinar essa apresentação, não serei promovido tão cedo', ou 'Se eu não for contratado para este trabalho, nunca mais vou pode pagar minhas contas'. Para acabar com esta tendência à catástrofe, analise seus pensamentos de modo realista: essa expectativa é real? Não é um exagero da minha parte? Quão ruim seria se isso me acontecesse? O que posso fazer para prevenir essa situação? A quem devo recorrer? Ao fazer essa enquete consigo mesmo, pode ser que você consiga traduzir o pensamento catastrófico em, por exemplo: 'Se eu não me sair bem na apresentação, terei de repensar o que está dando errado e começar a lidar com isso'.

Pensamentos negativos sobre você mesmo. Pensamentos como 'nunca vou conseguir fazer isso' ou 'nunca vou saber fazer desse jeito' impedem que você sinta prazer no trabalho e bloqueiam seu desenvolvimento profissional, com isso você não ousará seguir novos caminhos, pois esses pensamentos negativos se contrapõem ao engajamento no trabalho. Pesquisas mostram que, se você fortalece sua imagem ideal positivamente, se sentirá mais confiante, o que melhorará sua relação com as outras pessoas.

Explicações negativas para os acontecimentos. Este tipo de avaliação não o faz mais feliz nem mais engajado. Por exemplo, em vez de simplesmente pensar 'não consegui cumprir os prazos porque não tenho competência para isso', você deve ser realista e analisar o que de fato o impediu de cumpri-los. Não se culpe automaticamente quando algo dá errado, mas reflita sobre os reais motivos que podem ter levado-o a esta situação e corrija o que for necessário.

Parte 3: Atribuindo novos significados

Você teve uma experiência negativa no trabalho?

1. Descreva-a, relatando: o que aconteceu? Quando foi? Quais sentimentos você vivenciou?
2. Reflita sobre os acontecimentos e questione: Como consegui me manter perseverante e terminar minhas atividades? Havia alguma exceção?
3. Analise retrospectivamente e observe: o que você pode dizer que aprendeu com essa experiência?

Ao descrever a situação e analisar os eventos dessa forma, você estará enfrentando a situação no sentido de tentar compreender seu comportamento de modo positivo e construtivo e isto o permitirá, inclusive, traçar estratégias pessoais mais adequadas e eficazes para lidar com acontecimentos difíceis no trabalho.

RECOMENDAÇÃO 4:   DESCUBRA SEUS VALORES NO TRABALHO E OS PERSIGA

Valores são suas crenças pessoais sobre o que considera muito importante na vida, desse modo, você organiza hierarquicamente os valores que decidiu adotar para si conforme a importância que atribui a cada um. E esses valores se configuram em metas motivacionais que conduzem suas escolhas e comportamentos no trabalho. O que se sabe hoje por meio de pesquisas[1] é que os valores têm papel determinante no comportamento das pessoas no trabalho e influenciam diretamente sua adaptação positiva (resiliência, engajamento) ou negativa (*boreout, burnout*), bem como impactam na satisfação e desempenho (Porto & Tamayo, 2008, 2003; Siu, Spector, Cooper & Lu, 2005; Tamayo & Paschoal, 2003). As pessoas, portanto, se engajam no seu trabalho apenas quando o que elas fazem está alinhado com seus valores pessoais. Logo, o modo como os valores organizacionais são aplicados na organização é muito importante para o engajamento das pessoas em seu trabalho.

Algumas pessoas têm clareza sobre seus valores pessoais e profissionais. Por exemplo, algumas delas podem ter percebido muito cedo a presença de motivações intrínsecas para ajudar outras pessoas; outras definiram seu desejo de se tornar advogados, médicos ou enfermeiros ainda bem jovens, antes das pressões para o ingresso em algum curso do ensino superior, no entanto, para a maioria das pessoas, a definição clara de motivações e valores não é realmente uma tarefa muito fácil. Ocorre também que muitas pessoas acabam por assumir um tipo de atividade profissional completamente diferente do que desejavam e a probabilidade de que esse trabalho não se afine com seus valores pessoais é alta, mesmo quando os valores organizacionais não são totalmente contraditórios às suas motivações. Isso afetará seu engajamento no trabalho, podendo até impedi-lo de executar suas funções; este é um aspecto importante no que diz respeito ao engajamento no trabalho, por isso vamos nos aprofundar um pouco mais neste tema, exemplificando alguns tipos de valores:

Estabilidade Financeira	Curiosidade	Lealdade	Deslumbramento
Ordem	Diversão	Humor	Realização pessoal
Justiça	Aventura	Diversidade	Autodesenvolvimento
Tranquilidade	Sucesso	Intelectualidade	Paixão
Igualdade	Tolerância	Relações Sociais	Felicidade na família
Confiança	Apreciação	Independência	Participação
Segurança	Perfeição	Liberdade	Cooperação
Prestígio	*Expertise*	Criatividade	Honestidade
Solidariedade	Equilíbrio	Autonomia	Conhecimento

[1] Várias pesquisas no Brasil têm sido conduzidas sobre valores pessoais, valores no trabalho e valores organizacionais desde os anos 1990, principalmente sob a influência dos estudos conduzidos pelo prof. Álvaro Tamayo e seus colaboradores. Para os interessados em conhecer os principais estudos e avanços sobre o tema, sugere-se a leitura do artigo de Tamayo, A. (2007).

Dinheiro ou posses	Altruísmo	Tradição	*Status*
Amizade	Progresso	Harmonia	Amor
Realização	Beleza	Compaixão	Saúde
Felicidade ou bem-estar	Disponibilidade	Individualismo	Coletivismo
Abertura para novas experiências	Respeito	Dedicação	Ajudar os outros
...	...	...	...

Existem muitos outros valores pessoais, obviamente, por isso deixamos uma linha com reticências, já que não poderíamos apresentar todo tipo de valor pessoal. O importante é que você se inspire a pensar no que o motiva ou nos valores que você acredita ter adotado para si. No momento em que descobre as coisas que são mais importantes para sua vida, você pode traduzir isso no seu trabalho, por exemplo, se ajudar os outros é um valor importante para você, pode ser que atuar em atividades na área da saúde seja um trabalho adequado para sua vida. O que não significa que você não poderá ser engajado em outro tipo de trabalho. Vamos supor que você tenha acabado por direcionar sua atuação na área comercial em função de decisões que precisou tomar na vida (sustento, mercado de trabalho, insistência da família, condições de estudo etc.), significa que você se engajará neste trabalho se ele for desenhado de um modo que ajudar aos outros fizer parte de suas atividades. Possivelmente, muito da sua satisfação em atuar na área comercial virá em ajudar seus clientes ou colegas, mesmo que esta não seja sua principal tarefa no trabalho.

Você se tornará realmente engajado se conciliar suas metas profissionais com seus valores pessoais. Por exemplo, pode ser que uma pessoa que se motiva pela estimulação de sua intelectualidade se engaje em atividades acadêmicas e tome para si, por razões que considera pertinentes, a meta de publicar três artigos científicos por ano. Por outro lado, se dinheiro é um valor importante, a pessoa terá como principal motivação a meta de obter novas posições com aumentos salariais, porém, na prática, metas de trabalho alinhadas com valores pessoais podem não ser muito frequentes, pois, em geral, as pessoas têm apenas uma ideia vaga sobre o que desejam e não elaboram um plano de ação concreto para realizar suas aspirações. Tornar seus valores pessoais explícitos e buscar metas que estejam de acordo é uma ação pró-ativa que precisa ser considerada e planejada, pois, com isso, é possível assegurar que seu foco de atenção se concentre naquilo que realmente importa para você, aumentando suas chances de ser bem-sucedido na medida em que se esforça para atingir seus objetivos. Isso faz com que se sinta mais motivado para trabalhar pelo prazer em realizar atividades valorizadas e significativas para você. No entanto, é interessante que suas metas sejam equilibradas e o esforço modulado para que não assuma objetivos excessivos ou abstratos demais, cuja execução pode ser facilitada quando eles são desdobrados em submetas com um plano de ação que o permita vislumbrar o passo a passo para seu alcance; o aspecto mais importante é que a pessoa tenha clareza sobre as metas que está buscando alcançar e como pretende atingi-las. Observe se você sente que quer desistir no meio do caminho ou se não consegue manejar sua motivação para obter as metas propostas, se for assim, é provável que suas metas não estejam alinhadas com seus valores pessoais ou que seu desinteresse expresse a pouca efetividade de realização dos objetivos que se propôs realizar, e talvez seja necessário reconsiderar se você tem clareza sobre o que considerada como valor pessoal importante, analisando com mais profundidade quais são os mais centrais para sua realização profissional.

Outro aspecto é que pode ser importante falar com seus colegas e supervisores sobre suas metas e motivações pessoais, expressando os valores que gostaria de garantir no trabalho, assim eles saberão pelo que você está se esforçando e podem, inclusive, o ajudar. Por exemplo, se o seu chefe sabe que você gosta de ajudar os outros e que gostaria de focar seu trabalho nisso, ele pode atribuir a você um conjunto de atividades ligeiramente diferentes das atuais com objetivo de criar oportunidades para que você possa ajudar os outros no trabalho. *Feedbacks* de avaliações de desempenho, em especial, são bons momentos para esclarecer suas metas e motivos pessoais, pois quando são realizados de modo construtivo é possível até negociar com seu gestor algumas ações práticas que podem o ajudar a alcançar seus objetivos; além disso, pode ser produtivo comentar com sua família sobre suas metas de trabalho e como você pretende alcançá-las, pois é um modo de receber incentivo, além de dividir sonhos e aspirações futuras que necessitarão do apoio de seus familiares. Muitas das suas metas no trabalho repercutirão em sua vida familiar. Por exemplo, se tem o desejo de viajar mais frequentemente (ou ocupar cargos fora do país) por causa de suas atividades no trabalho, sua família vai sentir as consequências desta realização, por isso, é importante conversar sobre seus valores pessoais e metas profissionais com os membros de sua família também. Enfrentar situações potencialmente problemáticas pode ser um facilitador para obter o suporte emocional deles em relação às suas decisões no trabalho. Pesquisas demonstram que os objetivos pessoais são obtidos com mais facilidade quando as pessoas que são importantes para você estão envolvidas nessas escolhas; membros da sua família podem ajudá-lo também a ser perseverante quando as coisas se tornarem difíceis, encorajando-o de um jeito diferenciado.

EXERCÍCIO 5: DESCUBRA SEUS VALORES

Se você não tem clareza sobre quais são seus valores pessoais, os dois exercícios abaixo podem ajudá-lo.

Imagine que...

...você só terá mais cinco anos de vida. Este não é um pensamento agradável, mas ele o ajudará no propósito de conhecer seus valores mais centrais, e se você tentar pensar desse modo, as coisas que são realmente importantes para você vão emergir de modo quase imediato. Analise a situação pensando: quais são os valores que fazem com que tais coisas (e não outras) emerjam como tão importantes para você? Se são coisas que você normalmente postergaria ('em algum momento da minha vida, vou fazer isso...'), pode ser uma boa pista para entender sua motivação (ou desmotivação), satisfação (ou insatisfação) e fontes de estresse ou engajamento no trabalho. Entender seus valores pessoais pode ajudá-lo a não postergar para depois as coisas que o motivam, dão prazer e fazem com que sinta bem-estar na vida e no trabalho.

Imagine que...

...você está comemorando seu aniversário de 80 anos. Você permanece uma pessoa saudável e sua família se organizou para celebrar este marco na sua vida. Se eles pedissem para dar seu depoimento, o que você diria? Como você gostaria que as pessoas percebessem seu jeito de ser? E suas realizações? O que gostaria de ter realizado quando chegasse aos 80 anos? Esse exercício ajuda a visualizar seus valores pessoais pelo modo como gostaria que suas realizações e motivações pessoais se configurassem na sua vida. Tentar entender o que gostaria de dizer para as pessoas numa situação como essa é um meio de selecionar algumas intenções, metas e realizações que são importantes na sua perspectiva pessoal, e isso pode ajudá-lo a perceber quais são as motivações subjacentes e como elas podem influenciar positivamente suas escolhas e comportamentos no trabalho.

RECOMENDAÇÃO 5:   SEJA PRESTATIVO E APRECIE A CONVIVÊNCIA COM AS OUTRAS PESSOAS

Ser amigável, prestativo e cuidadoso na relação com colegas de trabalho, supervisores e clientes são atitudes importantes para a convivência positiva no trabalho, porém, embora essa afirmação pareça óbvia, sua aplicação prática não é tão fácil assim; vários levantamentos feitos com trabalhadores demonstraram uma imensa gama de dificuldades nas relações interpessoais em locais de trabalho, tais como:

1. Não cumprimento de promessas realizadas (71%)
2. Adiar a entrega de trabalhos (57%)
3. Recusa em ajudar seus colegas (57%)
4. Fofoca (53%)
5. Tratamento injusto dos supervisores (51%)
6. *Bullying* (50%)
7. Fazer de conta que está muito ocupado (47%)
8. Atitude indiferente do gestor que ocupa cargos executivos na empresa (43%)
9. Intriga (42%)
10. Colegas que não se esforçam (39%)
11. Burocracia (39%)

Fonte: Disponível em: www.businesscompleet.nl/kennisbank/personeel/2419-Werknemerergert-zich-blauw-aan-collegas.html.

Aparentemente as pessoas não cuidam muito umas das outras no trabalho, e também parece que não são muito tolerantes entre si; os pavios parecem ser curtos, por assim dizer. É possível compreender essa situação quando se está sempre ocupado, ou tem que se concentrar em ambientes barulhentos, nesses casos não é provável que a pessoa seja paciente com seus colegas que ficam pedindo coisas ou que tornam suas atividades de trabalho mais difíceis. O desafio nessas situações é se manter tolerante ou amigável. Se você está desconfortável com alguma coisa, é melhor dizer de modo gentil do que despejar seus sentimentos e percepções desagradáveis de forma irritada; ser amigável não significa que você tenha de concordar ou tolerar qualquer coisa, significa apenas que você respeita as pessoas e as aprecia ao ponto de considerá-las em suas decisões e de se controlar quando elas realmente te irritam, assim, você ajuda os outros, quando necessitam, da melhor forma possível.

Ser amigável, em geral, demanda energia e às vezes a pessoa está de mau-humor ou vivenciando uma daquelas ocasiões em que deseja realmente ficar só; outras vezes se está tão ocupado que não se tem vontade de ser amigável com ninguém. Apesar disso, existem várias boas razões pelas quais é importante se esforçar para ser amigável: a mais importante é promover em você mesmo a sensação de bem-estar. Por exemplo, o simples gesto de segurar a porta para alguém entrar a tempo no elevador desencadeia uma resposta positiva, tal como um sorriso ou um 'obrigado' e isso faz com que você se sinta bem consigo mesmo. Quando se é amigável, usualmente as pessoas também respondem de forma gentil, então é possível criar uma atmosfera amigável e relaxada, que faz com que as pessoas trabalhem de modo suave, confortável e com menos estresse. O que também coloca a espiral positiva em movimento é que aqueles que fazem coisas boas para as pessoas recebem mais *feedbacks* positivos em troca, o que faz com que se sintam bem e façam coisas boas novamente e assim por diante. Pesquisas demonstram que quando ser amigável é exercitado no comportamento das pessoas de modo cotidiano, elas se tornam mais felizes, inclusive a longo prazo.

A questão com que precisamos lidar, obviamente, é como realizar isso de modo prático, especialmente quando o ambiente no trabalho não é favorável ou quando você está se sentindo mal-humorado ou insatisfeito. O controle de suas emoções é central para este tipo de desafio e não quer dizer que você tenha de suprimir suas emoções, pois isso não seria possível, especialmente em situações adversas. Pessoas não são robôs, em que basta apertar o botão de 'desliga' para não sentirem mais nada, e isso significa que você pode direcionar suas emoções para uma rota positiva, se pude encará-las e lidar com elas de um modo inteligente e mais adequado. Agir sob o efeito das emoções, como já demonstramos, pode acarretar em dificuldades que gradualmente se tornarão mais problemáticas, porque a outra pessoa pode responder negativamente e a situação se tornar ainda pior.

Ser simpático ou mesmo amistoso pode ser acionado pela simples intenção de um sorriso. Para os menos observadores, parece que você está sendo simpático e que está de bom-humor, no entanto, não adianta se o seu comportamento (sorriso) não condiz com o modo como está se sentindo (de mau-humor). Usar essa estratégia numa eventualidade pode ser até produtivo para aquele momento, mas você pode acabar se sentindo mal por estar falsificando emoções que não sente. Agir diferente do que se sente é denominado 'dissociação emocional' e esta atitude não é nada saudável; se seu uso for crônico, a pessoa pode se sentir deprimida ou exausta, e, em pouco tempo, os outros perceberão que não estão se relacionado com você de verdade porque suas reações soam como falsas para eles. Então, fingir que é simpático e forjar emoções que não existem não funciona de verdade. Ao invés de fingir, seria melhor invocar emoções positivas que possam ajudá-lo ativamente a melhorar seu humor. Por exemplo, pense em algum ótimo final de semana que você teve, em um abraço carinhoso do seu companheiro ou filhos, no cliente que ficou satisfeito com suas atitudes na venda; seja o que for, o resultado será que suas emoções mudarão e você acabará se sentindo mais suave, amigável e positivo e não precisará mais simular, porque fez emergir emoções positivas reais que influenciarão suas respostas e atitudes no trabalho e essa atitude fará com que ser amigável não necessite mais de tanto esforço da sua parte.

Dicas para promover emoções mais agradáveis

Não se sente amigável, gentil nem paciente? As dicas abaixo podem ajudá-lo a cultivar emoções positivas.

- Fique atento às coisas que o motivam. O que o leva a ter sentimentos positivos? Quais pensamentos e lembranças são associados com estas sensações prazerosas? Pense nisso quando estiver sendo solicitado por alguém e não sentir vontade de ajudar e isso pode ajudá-lo a associar elementos positivos antes de reagir negativamente.
- Seja empático com as pessoas e se coloque no lugar do outro. Como ele se sentiria sendo ajudado por alguém que é paciente e amigável?
- Pense sobre quem você gostaria de ser para as outras pessoas, alguém que age propagando suas emoções negativas, sem considerar as outras pessoas? Alguém considerado egoísta para os colegas de trabalho? Alguém que se relaciona sinceramente com as pessoas e age amigavelmente?
- Reflita sobre o que realmente importa na vida. As relações interpessoais que você estabelece são mais importantes do que dinheiro, bens e *status*? O que as pessoas vão lembrar sobre você está diretamente associado ao que observam que você valoriza. Pense sobre como pode se sentir bem ao fazer algo para alguém, mesmo que seja para dar risadas juntos em algum momento.
- Certifique-se de que tem um meio de extravasar suas emoções negativas sem prejudicar ninguém; não é preciso fingir que afetos negativos não existem, basta encontrar formas aceitáveis para extravasá-los, algumas pessoas conseguem fazer isso se dedicando a atividades esportivas, outras por meio de aconselhamento ou terapia,

> por isso você precisa encontrar o modo mais adequado para lidar com suas emoções negativas.
> – Mesmo que esteja muito ocupado para conversar ou ajudar alguém, considere se isso é realmente impeditivo naquele momento. Geralmente pensamos 'ainda tenho que fazer isso ou aquilo...', sem analisar realmente se dispomos ou não de alguns minutos para aquela pessoa. Tente focar sua atenção por um momento em quem está solicitando algo a você, talvez esses minutos não tenham grande impacto no seu trabalho, mas certamente farão diferença para quem o procurou.

Ser amigável não significa apenas ajudar ou cuidar dos outros, mas também a respeitar e apreciar a outra pessoa. Em geral, tendemos a abordar de modo mais descuidado ou negativo aquelas pessoas que são muito diferentes de nós ou que pertencem a outros grupos e, com frequência, isso acontece de modo inconsciente. Mesmo situações aparentemente triviais, tais como um *piercing*, uma marca de roupa ou um carro, podem fazer com que as pessoas prejudiquem seus colegas ou até mesmo clientes. O preconceito pode evocar comportamentos negativos conscientes ou inconscientes e o desafio que se impõe é não interpretar as diferenças entre você e as outras pessoas como 'ruins' ou 'pejorativas'. Uma atitude aberta para entender a diversidade pode fazer com que você se aproxime das pessoas sem tantas reservas e preconceitos, o que fará com que você se torne mais amistoso com pessoas diferentes e experimente interações sociais mais ricas. Esta abertura é importante para o aumento do engajamento no trabalho das equipes em função da valorização das pessoas, sem que estas sejam desqualificadas por estereótipos e rótulos preconceituosos Os elogios, desde que verdadeiros, possuem efeito fortemente recompensador, o que faz com que as pessoas se sintam bem, além de estimular que este seja o 'tom' das relações interpessoais que se quer estabelecer, promovendo um ambiente de trabalho agradável e prazeroso. Isso torna mais provável que a equipe e os colegas de trabalho também passem a expressar sua apreciação deste modo, na medida em que este comportamento pode resultar em um clima organizacional positivo e promover maior engajamento no trabalho.

Como elogiar de forma positiva

Para que se obtenha o efeito positivo desejado, um elogio deve ser feito considerando alguns princípios, que serão explicados a seguir.

Princípio 1: Seja sincero

Faça apenas elogios sinceros. As pessoas sabem quando está sendo elogiada apenas por educação ou obrigação social. Pode ser que você tenha dificuldades em encontrar algo positivo para dizer em alguns casos específicos, no entanto, praticamente todos têm algo que pode ser elogiado, mesmo que você ache que são colegas de trabalho preguiçosos ou que seu chefe é uma pessoa desagradável. Não consegue pensar em algo positivo para eles? Você tem a alternativa de dizer o quanto apreciaria se a pessoa fizesse algo que precisa, algo como: "eu realmente ficaria grato se você terminasse seu relatório hoje". A ideia é que, em vez de gritar ou reclamar, você transforme essa queixa numa assertiva positiva; pode ser que a pessoa não faça o que está pedindo, mas pelo menos você está procurando exercer uma influência positiva e otimizar o ambiente de trabalho, facilitando o engajamento daqueles que assim o desejarem.

Princípio 2: Diga por que

Em geral, os elogios não são muito claros porque as pessoas só expressam seu apreço, mas não dizem por que aquilo foi valorizado, por exemplo, se foram vendidos mais produtos ou serviços do que se esperava nas metas organizacionais, o gestor apenas diz "muito bom pessoal, vocês trabalharam muito bem", mas, se ele adicionar a esta afirmativa a informação de que esse aumento expressivo nas vendas promoveu a elevação em X% nos resultados do setor, permitindo maior visibilidade de suas ações na empresa, o efeito deste elogio será ampliado. Elogiar as atitudes dos colegas também tem este efeito ampliado quando as pessoas entendem que foram valorizadas por serem éticas em suas ações ou por terem revertido um problema numa solução eficaz. Saber por que seu comportamento foi elogiado é importante para o engajamento e a sensação de bem-estar no trabalho.

Princípio 3: Comece seu elogio citando a pessoa pelo nome

Parece óbvio, mas é preciso lembrar que o elogio se torna pessoal quando mencionamos a pessoa pelo seu nome, este ato tem um forte efeito positivo porque direcionar o elogio para alguém é qualificar essa pessoa dentro do grupo, distinguindo-a pelas ações valorosas no trabalho. Personalizar o elogio é usar afirmativas do tipo: 'Fernanda, você agiu muito bem neste caso, especialmente por não ter permitido que a situação chegasse a um nível em que não haveria mais solução possível', 'Claudio, você está muito bem-arrumado e vai causar uma ótima impressão na reunião de hoje com clientes tão exigentes como estes', ou 'Maria, foi ótimo ter enfatizado este aspecto na sua apresentação para que as pessoas entendam seu papel ético nas ações antifraude que estamos implantando na empresa'.

EXERCÍCIO 6: REALIZANDO BOAS AÇÕES PARA OS OUTROS
Parte 1: Faça a coisa certa

Planeje um dia no qual você irá realizar boas ações e imagine as coisas mais gentis e prazerosas que poderiam ser feitas para outra pessoa e as faça; não precisa ser nada exagerado ou sensacional. Servir uma xícara de café, oferecer ajuda para levantar algo, enviar uma mensagem divertida, alcançar um casaco... demonstre interesse no que a pessoa está fazendo e observe como ela se sente quando você realiza suas boas ações e, no fim do dia, reflita e analise: Que tipo de comportamento amigável ou positivo você tem demonstrado para seus colegas? Qual tem sido o efeito para os outros? E para você? Como sua motivação é afetada quando você realiza boas ações? A partir de suas conclusões, avalie: Vale a pena realizar boas ações com mais frequência? Você deveria ter feito isso de modo diferente ou é melhor não fazer mais? Talvez não fazer mais para essa pessoa?

Parte 2: Elogie

- Elogie a si mesmo. No fim do dia, escreva em sua agenda duas coisas das quais você se orgulha ou está satisfeito de ter feito.
- Elogie outras pessoas. Hoje mesmo elogie duas pessoas no seu trabalho. Pode ser algo simples, como elogiar alguém que tenha aberto a porta para você.

> **Parte 3: Peça respostas sinceras**
> Peça a um colega de confiança para vocês se reunirem toda semana e combinem o seguinte:
> – Permita que ele o elogie em relação a ações positivas que você tenha realizado
> – Permita que ele dê algumas dicas sobre como você pode aprimorar a realização do seu trabalho.
> – Permita que ele chame sua atenção quando você estiver reclamando de um jeito ranzinza e mal-humorado e peça para ele fazer sugestões sobre como é possível resolver o problema.

RECOMENDAÇÃO 6: ENCARANDO SEU TRABALHO DE FORMA DIFERENTE

Nem sempre é necessário mudar algo no trabalho para que você se torne mais engajado, é possível aumentar seu engajamento criando uma perspectiva mais positiva de olhar para o seu trabalho e você pode fazer isso, ao:

Descobrir o significado de ser grato

O trabalho tem seus 'lados negros'; infelizmente tarefas maçantes e colegas difíceis fazem parte do contrato de trabalho. Apesar disso, existem vários aspectos pelos quais você pode ser grato: coisas simples, como ter um horário flexível com liberdade para agendar seus compromissos no trabalho; ou o fato de seus colegas se disponibilizarem para trocar de turno quando você precisa; ou por alguém trazer um café ou chá mesmo que esta não seja a função da pessoa... pode parecer que estes pequenos gestos são naturalmente reconhecidos por você ou outros colegas de trabalho, mas não é bem assim. Em uma vida onde a mudança e a velocidade são fatores constantes, a gratidão pelos gestos simples das pessoas não é autoevidente e nem óbvia nas relações interpessoais; ela precisa ser demonstrada, pois a experiência de gratidão no trabalho influencia na satisfação e no clima organizacional, fazendo com que as pessoas tenham mais estímulo para se engajarem no trabalho (Chan, 2010; Emmons & McCullough, 2003).

Pesquisas demonstram que uma intervenção simples pode ajudá-lo a sentir-se mais grato: no fim da semana escreva cinco coisas que tenham acontecido nos últimos sete dias pelas quais você se sente agradecido, e, se puder, faça isso diariamente em vez de só no fim de semana. Desse jeito você não só estará estimulando sua percepção sobre sentimentos de gratidão, como também estará criando uma mentalidade diferente em que se tornará mais consciente daquelas coisas boas que devem ser apreciadas e que, na maioria das vezes, passam despercebidas. Quando você expressa sua apreciação e reconhecimento por pequenos gestos, o efeito positivo da gratidão no trabalho também é ampliado. É um conjunto de aspectos que entram em ação na espiral positiva que já mencionamos; expressar sentimentos positivos para outra pessoa aumenta a probabilidade de se criar um ambiente em que essa mentalidade se desenvolva para todos, inclusive você.

É possível se beneficiar do sentimento de gratidão mesmo nos erros ou quando as coisas não estão indo bem e, no fim de tudo, quase sempre há alguma espécie de resultado positivo, nem que seja em relação ao quanto foi possível aprender com a situação. Se for demitido ou houver cortes na empresa, sua saída pode ser mais benéfica do que se manter no trabalho, embora não seja agradável perder o emprego. Pesquisas demonstram que as pessoas que atribuem significado para os eventos negativos, revertendo-o em aspectos positivos para sua vida, são mais resilientes ao estresse e com menor probabilidade de se deprimirem. É possível atribuir significados diferentes aos eventos quando a pessoa se questiona reflexivamente: o que eu posso aprender com este acontecimento? Quais oportunidades podem emergir dessa situação? Como este evento pode me tornar uma pessoa melhor? Este tipo de reflexão pode ajudá-lo a nutrir gratidão, mesmo em situações muito adversas.

Descobrir o prazer de tornar as situações divertidas

Quando se está muito ocupado, é comum esquecer-se de sentir prazer com as coisas simples e agradáveis no trabalho; tais como conversar com clientes e colegas, o cafezinho no intervalo ou a própria atividade de criar algo novo (uma ideia, um produto, uma melhoria). Em geral, estamos sempre correndo contra o tempo ou tão absorvidos de preocupações que não encontramos espaço para nos divertir no trabalho nem paramos para pensar que todo trabalho tem seu lado divertido, mas ele é percebido quando nos concentramos mais em seus aspectos positivos e prazerosos do que nos problemas e preocupações. Pode ser mais fácil encontrar diversão no trabalho quando não se está fazendo várias coisas ao mesmo tempo, como atender ao telefone enquanto está digitando um e-mail e tomando café, ou fazer uma ligação ao mesmo tempo em que está pedindo algo para um colega e verificando dados em um relatório. Fazer uma coisa de cada vez, pode ser uma forma de estar mais concentrado e consciente de suas atividades, e, muito possivelmente, isso o tornará mais capaz de aproveitar a parte divertida ou prazerosa de suas tarefas, especialmente pela maior probabilidade de ver algumas tarefas terminadas de um jeito agradável ou invés de ter de lidar com várias delas começadas e tendo que decidir qual delas poderá terminar em tempo.

Outro modo de encontrar prazer no seu trabalho é se permitir um pequeno intervalo entre atividades para falar sobre suas experiências positivas, trocar ideias sem compromisso com resultados, brincar ou simplesmente ouvir histórias engraçadas dos colegas. Muitas empresas estabelecem intervalos em horários fixos, outras deixam por conta dos colaboradores a escolha do horário, porém, ocorre que várias pessoas não dispõem desse tempo por se acharem muito ocupadas ou porque simplesmente não conseguem relaxar; já outras usam o tempo livre apenas parar de reclamar ou contar fofocas da empresa. Estimular a expressão de ideias, experiências e sentimentos positivos é importante para que você possa usufruir de momentos de prazer no trabalho, então descubra como tornar esses eventos mais positivos pela descrição das boas experiências que já aconteceram ou no planejamento de novas situações divertidas. Reviver experiências prazerosas é falar sobre elas com colegas é uma forma de fortalecer laços sociais e tornar seu dia mais interessante e divertido, o que pode fazer muita diferença no trabalho.

EXERCÍCIO 7: USANDO NOVAS 'LENTES' PARA ENXERGAR O TRABALHO

Semana que vem, escreva tudo que você acha divertido ou positivo no seu trabalho e conte (literalmente) seus itens na lista. Tenha ela sempre com você e acrescente toda experiência ou evento agradável que aconteça em seu trabalho, mesmo que sejam coisas bem simples. No fim da semana faça uma lista com as 10 melhores coisas que te aconteceram e deixe a lista visível para você, porque assim poderá se lembrar das coisas boas e descobrir o prazer no trabalho simplesmente evocando esses momentos divertidos.

Recomendação 7: Perdoar

Em algum momento, todos nós temos experiências negativas no trabalho; experiências de sensação de injustiça, reclamações de clientes sem motivo, desrespeito do seu gestor, ser preterido para uma promoção, ser alvo de piadas ou comentários desagradáveis dos colegas, ter sua opinião ignorada sobre algo que considera importante etc. Sua resposta adaptativa automática nestas situações é a raiva, que emerge como uma emoção que faz com você se posicione e se defenda e o ajuda, inclusive, a equilibrar seu sentimento de justiça porque o conduz a expressar que está zangado com a situação, demonstrando o que está acontecendo de errado (Veja recomendação 2). No entanto, você não precisa demonstrar sua irritação de forma enraivecida, se fizer isso, muito provavelmente sofrerá o efeito reverso da raiva porque as pessoas se sentirão ameaçadas e vão reagir contra-atacando ou agirão de modo defensivo e se fecharão para suas argumentações. Em qualquer um dos casos você terá o resultado inverso ao que desejaria; ou seja, ser compreendido e reconhecido, então, para usar sua raiva de forma positiva é importante que controle sua reação imediata e procure meios de se acalmar. Tendo se controlado, faça uma relação de tudo o que gostaria de dizer para a pessoa, se aproxime dela com essa lista e expresse seus sentimentos e motivos para se sentir assim, desse modo será mais provável que a pessoa o escute e possa compreender suas razões e isso fará com que sua raiva desapareça, pois estará sendo tratado com respeito naquele momento, mesmo que não tenha suas reivindicações atendidas.

Obviamente, essas coisas nem sempre funcionam tão tranquilamente pois pode acontecer que a pessoa continue enraivecida, mesmo que tenha feito tudo para se acalmar. A raiva pode se manter por diversos motivos: poder ser que seja alguém que não goste de confrontar os outros e prefira ficar calada, que a pessoa para quem deveria direcionar sua raiva não esteja disponível no momento, que essa não seja a primeira vez que ela aja dessa forma apesar da pessoa já ter expressado seu incômodo com esse tipo de situação ou, ainda, que sua raiva não seja exatamente de uma pessoa (pode ser do Governo, por exemplo). O problema de cultivar a raiva é que a pessoa desenvolve ressentimentos e passa a adotar uma postura cínica; sufocar ou manter a irritação, desejando que o outro receba o mesmo tratamento (ou pior) em relação ao que lhe fez, se transforma em mau-humor, mágoa e outros aspectos negativos para a pessoa ressentida. Querer vingança pode ser ainda pior. O desafio está em abrir mão de sentir raiva e conseguir perdoar a outra pessoa. Esta é uma daquelas atitudes em que é mais fácil falar do que fazer. Como perdoar alguém que o tratou da pior forma possível? O fato é que se a pessoa não se acalmou após certo momento, não adianta esperar que ela esteja novamente equilibrada para esquecer ou perdoar, é preciso que ela tome a iniciativa, porque perdoar não é uma atitude emocional, mas sim um processo racional que envolve tomada de decisão. Pesquisas demonstram que quando as pessoas decidem racionalmente perdoar alguém o processo se inicia mesmo que elas afirmem que não se sentem preparadas emocionalmente para fazer isso (DiBlasio, 1998). Dizer para si mesmo 'eu perdoo' é o ponto de partida para se libertar da raiva, ressentimentos e sentimentos de amargura, abrindo caminho para apagar a sensação negativa que a situação provocou na sua vida e no seu trabalho; guardar mágoa não vai fazer com que a justiça seja promovida por si mesma, então, comece perdoando racionalmente a outra pessoa. Criar espaços para sentimentos positivos e abrir mão dos afetos negativos é mais saudável e gera maior engajamento, prazer etc., então faça isso por você.

EXERCÍCIO 8: APRENDENDO A PERDOAR

Três princípios que podem ajudá-lo a exercitar o perdão:

- Seja menos exigente. Muitas pessoas demandam padrões elevados para as atitudes das outras pessoas, em relação ao mundo, à vida ou ao trabalho. Por exemplo, você pensa 'ele tem que me tratar com mais respeito, isso é inaceitável', ou 'as pessoas precisam se esforçar muito mais', esse tipo de pensamento é uma forma de exigir dos outros alguns valores e normas que são seus e isso não funciona porque as pessoas são diferentes e também porque não conhecemos todos os motivos que fazem com que elas ajam de determinada forma. Então, ser menos exigente pode ajudá-lo a entender as diferenças e pensar em maneiras mais construtivas de demonstrar como gostaria de ser tratado.

- Desenvolva uma percepção acurada das circunstâncias. Geralmente quando algo dá errado, foi esquecido ou está mal encaminhado, automaticamente culpamos alguém. A outra pessoa é que 'não pensa, é burra ou tosca'; costumamos não levar em consideração o impacto que as circunstâncias eventuais têm no comportamento dos outros. Por diferentes motivos a pessoa pode ter falhado ou deixado de prever algum fator, por outro lado, outras pessoas podem ter se excluído da situação-problema, deixando aquela pessoa mais vulnerável, mesmo que tenham contribuído com as complicações que emergiram. Muitos colegas são ágeis em se eximir e dar desculpas aceitáveis para justificar suas falhas: o trânsito, o tempo, um colega com problemas etc., são algumas das razões que mais frequentemente levam a culpa pelas circunstâncias desfavoráveis, por isso é preciso considerá-las, de modo acurado, e ser flexível em sua avaliação dos acontecimentos.

- Lembre-se de alguém que você culpou por algo e tente perdoá-lo, dizendo para si mesmo: Eu perdoo *fulano* por ter feito isso e faça sempre que considerar que precisa de um novo modo de encarar suas diferenças em relação às pessoas, não esquecendo de apreciar positivamente sua decisão racional de perdoar alguém.

Recomendação 8: Compartilhe e comemore o que merece ser celebrado

Receber boas notícias é sempre agradável; a notícia de que foram dadas promoções para colegas que as mereciam, de que a estratégia para retenção de profissionais qualificados e diminuição do *turnover* da empresa foi bem-sucedida ou de que as metas estabelecidas para seu setor foram alcançadas com sucesso podem se enquadrar em comunicações que geram satisfação nas pessoas. Não importa quão bem-sucedido você é do ponto de vista individual, é importante compartilhar e comentar o sucesso de pessoas que fazem parte da sua equipe ou atuam na organização, pois é um dos meios que faz com que você experimente os sentimentos positivos que advêm da situação em si, além de transmitir afetos positivos para seus colegas no trabalho. Ao ouvir boas notícias, as pessoas sentem esperança, otimismo e alegria, o que provavelmente os fará pensar em aspectos positivos na vida, aumentando a confiança de que alcançarão sucesso similar no futuro. As emoções positivas têm um impacto forte quando boas notícias são transmitidas a um grupo de pessoas, conforme demonstram as pesquisas. Por isso é importante contar para os outros as experiências de sucesso, assim como celebrar com frequência, mesmo que sejam pequenos os detalhes das conquistas. Mesmo que comemorar possa gerar alguma inveja a sua volta, isso não deve impedir você de vivenciar momentos de alegria na sua vida, por isso, seja positivo também com os seus colegas, pois sua atitude pode até gerar aumento na autoestima e refletir numa mudança de postura neles.

EXERCÍCIO 9: PENSE EM ALGO PARA CELEBRAR

Nas próximas semanas, pense em algo que pode ser comemorado no seu trabalho; uma data especial, como um aniversário que irá acontecer (de alguém do grupo, da formação da equipe etc.) ou algo que tenha significado importante para o grupo (a aquisição de um equipamento novo, a troca de um objeto, a conquista de um novo cliente etc). O importante é que haja festa, uma celebração em que todos participem e saibam o que está sendo comemorado. Comunique ao grupo, dizendo algo como "estou feliz hoje por comemorar meu aniversário aqui com vocês, colegas que me fazem sentir mais feliz neste dia" ou "nada como celebrar a conquista desse novo cliente que, mesmo parecendo uma pequena conta, para nós é uma vitória porque sabemos que vamos conquistar os outros negócios para o grupo em breve".

3.2 Recomendações para o gerenciamento das pessoas

As recomendações deste capítulo podem ser aplicadas pelas pessoas de um modo geral, estejam elas formalmente empregadas ou não. Propor recomendações deste tipo, porém, não significa responsabilizar apenas os indivíduos pelas intervenções positivas que gerem aumento do engajamento no trabalho. Especialmente os gestores podem influenciar seus funcionários e agir como um modelo para que ações desta natureza possam ser postas em prática no trabalho. O gestor que deseja que seus colaboradores valorizem o trabalho uns dos outros deve ser o primeiro a dar o exemplo na sua relação interpessoal com a equipe. É importante que o gestor fale abertamente sobre as questões que o preocupam e seja otimista com sua equipe, visto que ele é uma pessoa chave para criar o ambiente social que pode estimular o engajamento dos colaboradores e a aplicação bem-sucedida das intervenções positivas. Isso significa que abertura, respeito e confiança são aspectos importantes que precisam ser estimulados no ambiente de trabalho.

Somente quando a equipe se sente emocionalmente segura e valorizada é que os membros se empenham em falar aberta e honestamente sobre suas dificuldades de relacionamento e engajamento, buscando superá-las. Quando a equipe se sente ameaçada ou tratada com frieza, o clima social no trabalho gera raiva, frustração e ressentimentos. Já em um clima social amigável e confiável é possível prevenir várias situações desagradáveis, estresses desnecessários e, ainda, obter valiosas informações sobre preocupações e problemas em seu estágio inicial. Saber ouvir estas demandas dará tempo ao gestor para intervir adequadamente, evitando o risco de prejuízos, acometimentos e outros danos. Portanto, além de ser um modelo para sua equipe, o gestor pode criar um clima positivo no trabalho ao se dispor a ouvir as preocupações de seus colaboradores e entender o que cada um gosta (ou não gosta) de suas atividades e tarefas, o quanto se sentem satisfeitos (ou não), seus problemas, suas necessidades etc.

Existem organizações em que essas perguntas somente são feitas quando há uma pesquisa de clima, que em geral é anual; ou nas avaliações de desempenho, quando há espaço para estes questionamentos ou quando os *feedbacks* aos funcionários são disponibilizados. Mesmo que o problema não possa ser resolvido imediatamente, o gestor que percebe e entende as considerações de seus colaboradores com seriedade, no mínimo, estará evitando estresse e frustração para as pessoas no trabalho. O modo como o gestor se relaciona com seus colaboradores e se encarrega de fazer os ajustes necessários (e possíveis) é um elemento fundamental para o engajamento de sua equipe, e também é um excelente ponto de partida para aplicar as recomendações apresentadas neste livro.

4 O QUE UMA ORGANIZAÇÃO PODE FAZER PARA AUMENTAR O ENGAJAMENTO NO TRABALHO

Neste capítulo vamos discutir o que a organização e sua liderança podem fazer para aumentar os níveis de engajamento em seus colaboradores no trabalho, promovendo ações e intervenções coletivas que caracterizem como positivas.

4.1 Recomendações para as organizações de trabalho

Para aumentar os níveis de engajamento no trabalho, as organizações precisam se assegurar de que seus colaboradores trabalham com prazer e que suas atividades combinam com seus talentos, conhecimentos, habilidades e necessidades, assim, os colaboradores irão trabalhar envolvidos e intrinsecamente motivados nas atividades e desafios que lhes são atribuídos. Se esta não é a realidade da empresa para todos os seus colaboradores, é preciso que sejam criadas as condições necessárias para que o engajamento tenha espaço e possa ser posto em prática no trabalho, visto que ele só é possível quando há uma combinação apropriada entre pessoas e condições de trabalho e que não adianta querer fazer 'mais com menos' se a empresa não garante as mínimas condições para seus funcionários. Como veremos, o ponto de partida para se repensar a organização em termos de engajamento no trabalho deve ser o colaborador, o que significa que é necessário mudar a situação de trabalho ou seus arranjos produtivos de modo diferente para gerar prazer, satisfação e engajamento no trabalho.

Recomendação 1: **Avalie e interprete informações sobre recursos do trabalho, recursos pessoais, exigências das tarefas, engajamento e resultados organizacionais**

Uma organização pode intervir positivamente nas condições de trabalho, nos recursos disponibilizados e no ambiente organizacional. Uma ação organizacional planejada para aumentar o engajamento das pessoas no trabalho terá alcance mais amplo do que as estratégias desenvolvidas pelas pessoas individualmente; assim como demonstramos no Capítulo 3, as estratégias individuais são muito importantes para aumentar seu engajamento no trabalho e criar um ambiente positivo na organização, porém isso não substitui o esforço que a organização deve fazer no sentido de criar condições e fornecer recursos através de investimentos, políticas consequentes e preparação de sua liderança para elevar o engajamento no trabalho. As estratégias de intervenção positiva da organização são mais efetivas no sentido de obter maior alcance e resultados para seus colaboradores como um todo, e ainda apresentam influência direta no modo como seus colaboradores percebem o ambiente e a qualidade das relações sociais no trabalho. Tais fatores são essenciais para a prevenção do estresse, promoção da saúde do trabalhador e, especialmente, para o engajamento das pessoas no trabalho. As intervenções elaboradas pela organização, portanto, influenciam os fatores que associam o engajamento no trabalho com resultados organizacionais. A seguir vamos apresentar algumas formas de planejar intervenções pela análise de recursos, exigências, engajamento e resultados organizacionais.

Organizações e gestores nem sempre têm clareza sobre como um colaborador experiência seus desafios e atua na prática, solucionando problemas e gerando resultados específicos. Em geral, as organizações centram seus esforços na avaliação de resultados a partir da mensuração de metas obtidas (medidas de produtividade) ou do desempenho, onde tais medidas não consideram os recursos pessoais e do trabalho aplicados, tampouco as exigências das tarefas executadas ou o grau de engajamento dos colaboradores nas atividades, o que faz com que este seja um dos motivos pelos quais nem sempre a organização e sua liderança fornecem um *feedback* apropriado para os funcionários. É importante que as organizações desenvolvam um tutorial para monitorar os elementos do modelo RDT[1], que discutimos no Capítulo 2. De modo específico, sugerimos a inclusão de questões sobre:

---

[1] Originalmente Schaufeli e Dijkstra (primeiros autores deste livro) citam um instrumento que elaboraram com essas dimensões, denominado *JD-R monitor*. Como este ainda não foi

- Exigências do trabalho (estressores) como: a pressão exercida pelo ambiente de trabalho e o equilíbrio entre trabalho e família.
- Recursos de trabalho como: suporte social e oportunidades de aprendizagem e desenvolvimento no trabalho.
- Recursos pessoais como: otimismo, estabilidade emocional e flexibilidade.
- Engajamento no trabalho quanto a vigor, dedicação e concentração.
- Reações ao estresse como: *burnout*, tédio ou queixas psicossomáticas.
- Resultados organizacionais como: comprometimento organizacional, desempenho no trabalho, rotatividade e absenteísmo por adoecimento.

A elaboração de um instrumento que permita avaliar e compreender as dimensões citadas é importante para que a organização qualifique mais adequadamente os *feedbacks* fornecidos para seus colaboradores. Sugerimos que seu preenchimento seja voluntário e anônimo, devido às experiências anteriores de aplicação de instrumento desta natureza em organizações na Holanda, onde de 65 a 85% dos funcionários responderam ao questionário preparado por adesão, o que se caracteriza como um ótimo retorno. O anonimato, em geral, estimula um maior número de participantes, especialmente porque informações sobre recursos de trabalho, estresse etc., podem ser fornecidas evitando a percepção de possível retaliação ao respondente. Será ainda mais proveitoso se for possível gerar uma resposta padrão para *feedback* individual aos funcionários através de um sistema com relatório automático elaborado para esta finalidade. Deste modo os colaboradores poderão ser informados sobre como sua experiência em relação às várias demandas e recursos de trabalho se caracteriza em comparação à média dos empregados na organização. Assim eles podem entender como são suas respostas ao estresse, quão engajados estão no trabalho etc., sempre em comparação à média dos funcionários. Embora seja mais impessoal do que o *feedback* dado pelo gestor, deste modo o funcionário poderá obter alguns *insights* produtivos.

Nas empresas em que um instrumento desse tipo foi aplicado por Schaufeli e Dijkstra, cerca de 10% a 15% dos funcionários evidenciaram que estavam buscando realizar mudanças a partir do relatório de *feedback* individual que receberam; com esta informação nas mãos, eles passaram a informar seus gestores e colegas sobre a necessidade de modificar situações de sobrecarga, falta de suporte social, carência de oportunidades de aprendizagem e na carreira.

---

padronizado ou validado para o Brasil, apresentaremos apenas as dimensões de análise no que diz respeito ao tema deste tópico. Para os interessados em maiores detalhes do instrumento, sugere-se o contato com os referidos autores.

Também procuraram tomar decisões acerca da interferência do trabalho na vida familiar junto com seus companheiros, buscando encontrar soluções práticas para estas situações. Do ponto de vista da organização, os ajustes feitos nos setores em que esses funcionários atuavam elevaram o engajamento no trabalho e os resultados organizacionais de modo significativo.

As informações obtidas em um instrumento sobre recursos (do trabalho e pessoais) e exigências em relação ao engajamento no trabalho podem beneficiar não apenas o funcionário, mas também a organização. Quando agrupados e analisados no nível organizacional, os dados obtidos podem ser incorporados a um relatório que inclua comparações entre os setores, departamentos, unidades, equipes e filiais e os resultados podem demonstrar os pontos fortes e fracos de certos departamentos ou equipes, suas unidades de negócios ou mesmo da organização. Com este tipo de relatório, a organização pode obter evidências sobre a percepção dos funcionários acerca da carência de certos recursos ou de exigências elevadas demais que estão gerando sobrecarga ou aumentando perigosamente o nível de estresse. Esta informação fornece dados aos gestores para intervir positivamente no sentido de tratar os problemas especificamente detectados de modo efetivo. Conforme demonstramos no modelo RDT (veja Figura 6), os recursos pessoais e de trabalho influenciam o engajamento no trabalho de modo diferenciado , por isso é essencial que cada organização entenda quais são seus recursos específicos e como pode intervir positivamente nas condições, no ambiente e nos recursos. Para certa empresa pode ser que seus funcionários não recebam um *feedback* apropriado de seu desempenho no trabalho, enquanto em outra empresa as funções de trabalho sejam monótonas e o clima da equipe esteja bastante insatisfatório. Por isso é fundamental que a organização saiba quais são suas fortalezas e limitações na perspectiva de seus colaboradores, especialmente quanto aos fatores que podem elevar ou diminuir o engajamento no trabalho.

Recomendação 2: Forneça *feedbacks* pessoais para seus colaboradores

As pessoas nem sempre têm uma ideia adequada sobre como estão atuando no trabalho ou acerca de quais são seus pontos fortes e fracos nas atividades que realizam. É comum pensarem que apresentam um desempenho melhor que a maioria, por exemplo, quando analisam suas habilidades sociais ou mesmo dirigindo um carro. Outras pessoas, porém, tendem a ter uma visão negativa de si mesmas e analisam erroneamente seu desempenho como mais fraco do que qualquer um na organização, neste caso o *feedback* dado por outros – como colegas e gestores – pode ajudar a determinar sua posição relativa em comparação com seus pares. Isso faz com que as pessoas obtenham uma percepção mais acurada do que deve ser melhorado e do que está indo bem em termos de desempenho no trabalho. Além do mais, o *feedback* positivo é motivacional porque as pessoas entendem no que são boas e em que são valorizadas pelos outros nas atividades que realizam no trabalho, o que as encoraja a manter seu esforço no trabalho e, adicionalmente, gera satisfação pessoal e prazer, conforme discutimos no Capítulo 3 (quando tratamos do tema dos elogios).

É importante que os gestores forneçam *feedbacks* regulares para seus colaboradores, especialmente os positivos, porém, alguns deles têm dificuldades em realizar este *feedback,* em geral porque se sentem muito ocupados para realizar uma tarefa que lhes parece meramente obrigatória. Para eles, *feedback* não é uma forma de estimular as pessoas para o trabalho, mas sim um risco de que os colaboradores não se esforcem tanto depois de serem elogiados; já outros não se sentem preparados para fornecer *feedbacks* significativos, especialmente naqueles casos em que a avaliação de desempenho é a única fonte de retorno e está tão automatizada na empresa que parece não haver espaço para trocas que possam gerar maior engajamento no trabalho. Mesmo assim, é importante ressaltar que nem todos os gestores têm habilidade para fornecer *feedbacks* ou em se comunicar com seus colaboradores. Se for este o caso, a organização deve analisar o desenvolvimento dos gestores em habilidades de comunicação e trato social para que os *feedbacks* possam ser fornecidos de forma apropriada. Pode parecer que a comunicação é algo que se aprende naturalmente, mas isso não é verdadeiro para todas as pessoas. Se esta não é uma habilidade desenvolvida no gestor, ele precisará desenvolvê-la e praticá-la regularmente para se socializar de modo respeitoso, agradável e efetivo.

Todas essas questões exigem intervenções positivas por parte da organização, no nível da liderança e do desenvolvimento de seus recursos pessoais e de trabalho. No entanto, algumas delas sequer investem seriamente na implantação da prática do *feedback*, considerando o tempo e esforço desta ação estratégica apenas como custo operacional, e quando o fazem, vinculam sua prática unicamente à avaliação de desempenho semestral ou anual , sendo frequente só fornecem *feedbacks* padronizados, via sistema informatizado da empresa, o que é um desperdício, porque quando as pessoas recebem *feedbacks* significativos para sua prática profissional é que elas se tornam mais ativas, encorajadas, cheias de energias e com maior clareza do que se espera e do quanto podem contribuir para os resultados organizacionais. *Feedbacks* positivos desempenham um papel crucial no aumento do engajamento no trabalho, especialmente quando se tornam uma prática espontânea nas relações sociais em uma organização.

Evidentemente, fornecer *feedback* dos erros e atitudes negativas, quando necessário, é tão importante quanto elogiar; esclarecer para as pessoas o que está errado ou não está sendo benfeito, conforme os padrões estabelecidos pela organização, auxilia na conscientização daquilo que precisa ser aprimorado no grupo de colaboradores.; Para isso, é fundamental que a organização transmita com clareza sua política em termos de comportamentos, atitudes, ética e resultados esperados de seus colaboradores, em todos os níveis. É fundamental que mesmo os *feedbacks negativos* sejam fornecidos sempre de modo construtivo, onde, ao invés de ressaltar apenas os elementos que deseja criticar, faça uma intermediação desta crítica com algum elogio pertinente. De modo geral, as pessoas têm algo em que podem ser elogiadas e para que não se sintam atacadas e estejam abertas para ouvir críticas de seus gestores e pares, é preciso que estas sejam ditas a partir de uma abordagem construtiva; isso significa que o elogio deve ser colocado no momento certo, bem como a crítica. O gestor deve se assegurar de que seus colaboradores estão atentos para entender o que estão realmente fazendo de errado, para isso, uma sugestão é usar a fórmula XYZ que apresentamos no Capítulo 3, onde elogios e críticas aos erros ou dificuldades, aplicados de modo balanceado, podem ser apontados sem que as pessoas se considerem pessoalmente atacadas pelo que está sendo dito.

Finalmente, o mais importante a se dizer sobre o tipo de objetivo de um *feedback* é que ele não deve se vincular a juízos de valor. O que as pessoas precisam saber é o que estão fazendo bem, o que precisam melhorar e quanto progresso eles terão de obter para alcançar suas metas. Por exemplo, receber um *feedback* sobre o que deu certo na atividade de ajudar uma pessoa desempregada a encontrar um trabalho será um estímulo para quem trabalha no reposicionamento profissionais no mercado, ou ter a informação de que o conserto de três carros pela manhã recebeu aprovação de qualidade produz satisfação para quem é mecânico. Um *feedback* claro, objetivo e baseado em certos fatos simplifica e estimula a busca pelo alcance dos resultados e faz com que o colaborador saiba o que é visível no seu trabalho, tomando ciência sobre o que importa para a organização e em que ele se destaca individualmente, além de demonstrar que ele não é um elemento anônimo ou invisível dos resultados organizacionais.

Recomendação 3: Promova entrevistas de desenvolvimento individual com seus colaboradores

A avaliação de desempenho é um instrumento familiar para a maioria dos funcionários porque, em geral, é em função dela que os *feedbacks* são fornecidos nas organizações, como comentamos na recomendação 2. Tendo em vista que os colaboradores experimentam tal avaliação como um modo de julgamento de suas ações e produtividade na empresa, muitos se sentem gratos quando este processo se encerra. Algumas organizações realizam entrevistas de desenvolvimento individual como modo de se concentrar naquilo que cada colaborador tem de pontos fortes e possibilidades futuras de desenvolvimento profissional e pessoal; em vez de se focar de forma prioritária no desempenho, estas entrevistas promovidas pela organização através de seus gestores geram aprendizagem significativa, autoconhecimento e valorização das características pessoais dos colaboradores que são importantes para o trabalho. Vale lembrar que elas são voluntárias e não substituem as avaliações de desempenho porque os objetivos são diferentes.

A saber, algumas empresas têm adotado o PDI (Plano de Desenvolvimento Individual) como um recurso para aumento de desempenho, no entanto, de modo geral, este é um recurso que fica a cargo exclusivo do colaborador, principalmente naquelas organizações em que os sistemas automatizados disponibilizam formas diversificadas para que ele incremente seu desempenho, porém, não é sobre isso que estamos tratando aqui. As entrevistas de desenvolvimento individual pressupõem um envolvimento da liderança da organização em um processo em que os colaboradores são ouvidos, reconhecidos e estimulados a se engajarem no trabalho e metas são estabelecidas de modo negociado, portanto o desenvolvimento individual do colaborador se caracteriza como uma responsabilidade compartilhada e, consequentemente, como um importante elemento para aumentar o engajamento no trabalho.

Como uma organização pode ajudar seus colaboradores a se desenvolverem? Até que ponto ela é capaz de investir em seus funcionários e o que eles precisam fazer para isso? Quais possibilidades de carreira são oferecidas? Antes de qualquer entrevista de desenvolvimento, a organização e seus colaboradores precisam ter em mente estas questões porque certamente elas emergirão como pontos de discussão. Junto com a liderança da organização, o colaborador pode traçar metas específicas para seu desenvolvimento individual que sejam valorizadas em termos de promoções, bônus, mudança de unidade, carreira internacional etc. e também pode negociar os recursos necessários, tais como um curso específico, mudar-se para outra equipe ou realizar tarefas diferentes das atuais. Quando realizadas de modo adequado, as entrevistas de desenvolvimento individual influenciam fortemente a motivação dos colaboradores e, consequentemente, aumentam o engajamento no trabalho. Isso também ocorre porque elas são uma oportunidade para os colaboradores direcionarem suas carreiras do jeito que gostariam, negociando suas possibilidades concretas no contexto da organização onde atuam. A partir do entendimento mútuo entre a liderança da organização e o colaborador, a entrevista de desenvolvimento individual pode ajudar na orientação das expectativas dos colaboradores e das necessidades organizacionais. A combinação entre necessidades e habilidades do colaborador e o suporte organizacional para seu desenvolvimento no trabalho pode ser obtida através do contrato social estabelecido por meio deste tipo de entrevista. E as entrevistas seguintes ainda possibilitam o ajuste das metas e a definição sobre quais recursos precisam ser providenciados, engajando liderança e colaborador com as metas traçadas.

RECOMENDAÇÃO 4: MODIFIQUE ATIVIDADES, PROCESSOS OU TAREFAS DE SEUS COLABORADORES

As pessoas aumentam seu engajamento no trabalho quando experienciam desafios em suas atividades que sejam suficientes para mobilizar capacidades e gerar novos conhecimentos; aqueles que realizam as mesmas atividades por muito tempo, de modo rotineiro e pouco desafiador, perdem a motivação gradativamente e a promoção para uma nova função, mais complexa, se configura como solução para alguns destes casos, mas nem todos poderão ser promovidos, então é preciso analisar outras formas de enriquecer e dinamizar as atividades realizadas. É possível tornar o trabalho diversificado e mais interessante para os colaboradores pela reorganização dos processos de trabalho e das tarefas atribuídas; a participação em um novo projeto na organização pode ser uma opção para um colaborador que deseje aumentar a complexidade de suas atividades, por exemplo. Pode ser que seja necessário planejar treinamentos para que o colaborador designado para novas atividades receba o suporte instrucional necessário e obtenha um desempenho adequado; o que lhe permitirá sentir prazer nas novas tarefas. Pequenos resultados são importantes porque a pessoa se sente bem-sucedida na realização das novas atividades, estimulando--a a manter o esforço e, inclusive, buscar novos desafios. Estimular seus colaboradores a aprender coisas novas também é um modo de desafiá-los no trabalho, porém, é preciso cuidado para que sejam atividades redefinidas com a participação dos colaboradores, principalmente para que não haja sobrecarga de trabalho ou desafios que excedam muito suas capacidades e recursos porque o efeito pode ser negativo se a organização simplesmente definir e enxertar novas atividades sob o pretexto de tornar o trabalho mais desafiador. A liderança tem o papel central de dialogar com seus colaboradores para que seja possível planejar atividades, rotinas e tarefas mais interessantes, considerando se o redesenho das atividades de trabalho está de acordo com os valores e as metas pessoais deles (veja tópico sobre este assunto no Capítulo 3), além disso, tais mudanças precisam fazer parte do planejamento de carreira da organização e do colaborador.

Recomendação 5: Saiba ouvir seus colaboradores

Decisões tomadas de forma deliberada pela liderança da organização sempre correm o risco de não contar com o comprometimento dos colaboradores porque evidentemente eles farão o que lhes é solicitado, mas é possível que algumas dessas decisões (ou parte delas) sejam boicotadas quando os colaboradores não concordam com elas. Para ter maior alcance e 'vida longa', é importante que as decisões tomadas tenham se baseado também em consultas e debates com os colaboradores, já que, de modo geral, a participação deles no processo de tomada de decisões acarreta em vários benefícios para a organização. Tais como:

- Colaboradores sentirão que têm voz na organização porque são ouvidos, conhecidos e reconhecidos; o que cria um importante recurso de trabalho.
- Colaboradores se sentem mais envolvidos com a política e as decisões da organização ao fazer parte de seu planejamento, o que aumenta o engajamento no trabalho e também eleva a probabilidade de que esta decisão seja implantada de modo apropriado e efetivo.
- Colaboradores podem começar a ter ideias úteis e sugestões a partir de sua prática e do entendimento da intenção estratégica da organização; as quais não teriam sido consideradas pelos gestores, o que também pode implicar no incremento da qualidade das informações na tomada de decisão.

A participação dos colaboradores na tomada de decisão nem sempre é possível, além de ser um processo complexo, que envolve custo de tempo e dinheiro, e que pode gerar atrasos no planejamento estratégico da organização; em situações emergenciais, inclusive, sequer há tempo para participações mais amplas. Porém, é preciso considerar também as desvantagens em excluir os colaboradores de todas as etapas do processo de tomada de decisão: pode gerar falta de conexão da liderança executiva com informações relevantes que emergem da prática profissional, resistências emergentes aos novos planos da organização, descuido com elementos que a liderança considera importantes, mas que passam desapercebidos para os colaboradores, e menor compreensão do que se espera em termos de desempenho e resultados, o que também pode diminuir o engajamento no trabalho, por consequência. Assim, é importante que a organização encontre o melhor meio de obter a participação de seus colaboradores, dando-lhes voz no que diz respeito às decisões organizacionais, e isso pode ser feito através de consultas internas, discussões públicas, referendos para temas específicos, *workshop* etc. Enfim, o formato que melhor se adequar na organização.

Nem todos os executivos ou gestores se entusiasmam quando a participação dos colaboradores na tomada de decisão é apontada como elemento importante para a competitividade ou gestão das pessoas na organização, ao mesmo tempo, alguns colaboradores não se sentem confortáveis com um papel mais participativo. Certas organizações mantém a cultura de não permitir a seus colaboradores esta participação ativa (veja quadro), assim como algumas pessoas preferem se manter apenas na execução de suas tarefas, sem maior engajamento, nestes casos, será preciso intervir em aspectos centrais da cultura organizacional, o que obviamente não é uma tarefa fácil. Este tipo de mudança exige que, em algum ponto, as coisas comecem a ser executadas de modo diferente no nível executivo da organização. Algumas vezes a contratação de pessoas chave pode ajudar a rever os modos de pensar e de organizar o trabalho, possibilitando uma transformação positiva na organização, no entanto, é importante que esta reflita seriamente sobre o quanto pretende estimular os colaboradores em termos de participação, criando estratégias adequadas para gerar maior engajamento onde o planejamento de recursos de trabalho deverá ser consistente com o objetivo de obter maior participação, mas, para isso será necessário considerar o processo de aprendizagem organizacional que conduzirá esta mudança de modo qualificado e efetivo.

DIFERENTES TIPOS DE ORGANIZAÇÃO

Na denominada Teoria da Cor, os consultores organizacionais Léon de Caluwé e Hans Vermaak distinguiram cinco cores diferentes que as organizações poderiam adotar quando iniciassem um processo de mudança organizacional. São estas:

- Organizações azuis: ações são iniciadas e implantadas de modo *top-down*, ou seja, da sala da diretoria para o 'chão de fábrica'. As mudanças organizacionais seguem um cronograma restrito, em que os colaboradores devem estar prontos para fazer o que é necessário.

    Armadilha: Existe pouca consideração pelos sentimentos e opiniões dos colaboradores, o que pode gerar resistências e falta de comprometimento.

- Organizações verdes: Colaboradores são estimulados a se abrirem para as mudanças e novas implementações. Aprendizagem e desenvolvimento dos colaboradores são as palavras de ordem.

    Armadilha: Nem todos estão dispostos ou têm condições de aprender o que a organização deseja, o que torna o resultado incerto.

- Organizações amarelas: Diferentes setores da organização negociam uns com os outros e elaboram juntos soluções, compromissos e situações de ganha-ganha.

    Armadilha: emergem lutas pelo poder e jogos políticos podem dominar a agenda.

- Organizações vermelhas: Colaboradores são estimulados através de estratégias de gestão de pessoas a abraçarem as mudanças e atuarem de forma ativa na implementação das ações necessárias.

    Armadilha: Situações extremas exigem medidas extremas.

- Organizações brancas: Colaboradores ganham autonomia e trabalham no formato de autogestão ou autorregulação, em que devem descobrir qual a melhor direção a ser tomada.

    Armadilha: Estrutura frouxa, com poucas orientações, que pode gerar muito debate sem consequências práticas para a organização.

Quando se trata de aumentar a participação dos colaboradores, as organizações 'azuis' poderiam usar mais das estratégias das 'vermelhas', 'verdes', 'amarelas' ou 'brancas', porém, é preciso cautela porque todas as cores têm suas próprias armadilhas, o que significa dizer que cada organização deve encontrar seu modo de promover a participação dos funcionários e, deste modo, estimular seu engajamento no trabalho.

RECOMENDAÇÃO 6: ENCORAJE LIDERANÇAS POSITIVAS NA ORGANIZAÇÃO

Um gestor que não se concentra apenas nas metas da organização (tais como redução da rotatividade, aumento de vendas ou lucro), mas inclui seus colaboradores nas decisões cotidianas, costuma ser denominado 'líder transformacional'. Liderança transformacional não se refere a estabelecer relações sociais agradáveis com seus colaboradores ou equipe, seu significado é mais complexo e exige bastante das pessoas que se propõem a exercer este tipo de liderança. O foco do líder transformacional são as necessidades intrínsecas de sua equipe, por isso seu interesse está em saber o que os motiva, o que faz com que se sintam felizes no trabalho etc.; seu interesse real pelas pessoas é o que faz com que procure estimular, orientar e inspirar seus colaboradores, procurando facilitar a obtenção daquilo que eles consideram importante e, ao mesmo tempo, visa desenvolver as capacidades deles para que os resultados sejam decorrentes destas.

A atitude transformacional busca estimular a confiança, abertura e honestidade em relações sociais positivas, com objetivo de otimizar o clima organizacional em relação a sua equipe de trabalho. Tipicamente, um líder transformacional se posiciona com clareza, atua de forma exemplar e é uma pessoa aberta para novas ideias e para a participação de seus colaboradores nos processos decisórios. Em um ambiente de relações sociais positivas, o engajamento resulta da combinação do esforço das pessoas numa equipe orientada para atuar da melhor forma possível em suas atividades profissionais na organização, portanto, o líder transformacional pode aumentar o grau de engajamento não apenas de um colaborador, mas de sua equipe de trabalho. Evidentemente o líder não depende apenas de sua liderança, porém a possibilidade de intervir positivamente nas relações sociais sob sua supervisão é um elemento importante nas ações que podem ser elaboradas pela organização para aumento do engajamento no trabalho.

Para o líder desenvolver uma liderança do tipo transformacional é necessário que ele tenha domínio em pelo menos três áreas, de modo específico:

- Empreendedorismo, para dar conta do que precisa ser executado na organização.
- Relacionamento interpessoal, para construir e manter relações sociais que encorajem seus colaboradores a expressar suas necessidades e desejos e, adicionalmente, obter maior disponibilidade para que eles saibam ouvir

suas orientações e *feedbacks* fornecidos com objetivo de desenvolvimento individual e da equipe.

– Autogestão, no sentido de se engajar no trabalho como um líder que reconhece seus pontos fortes e pontos fracos e atua de modo positivo com sua equipe. Autoestima, confiança e otimismo são fatores chave para desenvolver a criatividade e uma atitude visionária ao analisar as oportunidades e possíveis ameaças no processo de tomada de decisão.

Nem todos os chefes ou supervisores são líderes reconhecidos por sua equipe, mesmo dentre aqueles que são considerados lideres, nem todos serão líderes transformais porque esse tipo de liderança não é automático, é preciso que os gestores desejem desenvolver as características da liderança transformacional e invistam tempo e esforço nisso. A habilidade no trato social é especialmente importante, assim como capacidade de comunicação, assertividade e saber fornecer *feedbacks* para seus colaboradores. A organização pode se beneficiar com o desenvolvimento de lideranças capazes de atuar de modo transformacional com suas equipes, colegas de trabalho e pares, por isso, é importante investir em estratégias para capacitar gestores e promover recursos de trabalho que permitam a atuação transformacional de seus líderes.

Recomendação 7: Desenvolva seus colaboradores

Conforme o tipo de atividade em que atuam na organização, gestores e colaboradores participam de diferentes programas de treinamento, conferências, capacitações, cursos específicos ou *workshops*, tudo isso para aumentar o grau de engajamento das pessoas nas organizações. Desenvolver o sentimento de autoeficácia no trabalho, assim como capacitar os colaboradores em suas atividades, são aspectos importantes a serem tratados nos programas de treinamento da organização. Autoeficácia é um recurso pessoal importante para os colaboradores (Veja Capítulo 2) e se relaciona com a crença que a pessoa tem acerca de sua própria capacidade[2], onde ela se sente confiante de que irá se desempenhar bem, mesmo que enfrente dificuldades. Quando alguém não acredita em sua capacidade de realização, ao desempenhar uma tarefa, terá de lidar

---

[2] Para melhor compreensão do conceito de autoeficácia, sugere-se a leitura do artigo de Nunes, M.F. (2008). O conceito de autoeficácia tem sido estudado no Brasil com maior foco na orientação vocacional ou na orientação de carreira para universitários. Os estudos de Bardagi e Boff (2010) ou Bardagi e Hutz (2010) são bons exemplos desta produção acadêmica.

com diversas dificuldades pessoais, tais como estresse, insegurança e medo de errar, podendo até desistir de realizar a atividade solicitada ou, ainda, postergar os prazos de entrega ou evitar tarefas associadas.

Colaboradores com baixo sentimento de autoeficácia não são engajados no trabalho porque não se sentem entusiasmados pelas atividades profissionais, mas sim ansiosos e estressados, por isso, é importante que a pessoa tenha uma percepção adequada sobre a efetividade de suas realizações porque o sentimento elevado de autoeficácia pode gerar um entendimento distorcido acerca de seu desempenho. Neste sentido, as entrevistas de desenvolvimento individual e os *feedbacks* fornecidos pela liderança, colegas e pares são intervenções que promovem um ajuste nesta percepção e orientam as ações dos colaboradores de forma produtiva, o que ressalta o fato de que a organização deve planejar suas intervenções positivas de forma integrada, com ações de desenvolvimento e para engajamento dos colaboradores no trabalho alinhadas entre si.

A autoeficácia depende parcialmente da combinação entre o trabalho e a pessoa, portanto, se as tarefas são muito difíceis ou complexas, os colaboradores se sentem ineficazes porque estão sempre a um fio de realizá-las, mas não conseguem. Tarefas nas quais as pessoas não percebem resultados concretos ou que são fonte de frustração tendem a ser evitadas, quando é possível; é o tipo de situação em que a pessoa sente que as coisas acontecem de modo lento e não ficam contentes com suas experiências no trabalho, isso pode ocorrer porque a pessoa é pouco confiante em si mesma, por não ter tido treinamento adequado ou por perceber erroneamente suas atribuições e, nestes casos, a organização pode intervir positivamente, evitando situações desnecessárias de frustração e estresse. Existem várias ações que podem ser planejadas para desenvolver a autoeficácia de seus colaboradores. Por exemplo:

– Transformar metas generalistas em submetas específicas e menos ambiciosas, desdobrando-as em seus passos sucessivos. O sucesso é uma experiência importante porque aumenta a autoconfiança da pessoa em suas capacidades e, consequentemente, as impulsiona a se superar. Se a meta mais ambiciosa não for totalmente alcançada, seus colaboradores não sentirão que todo o esforço foi em vão, porque observarão que apenas uma ou algumas submetas não foram conquistadas, e podem, inclusive, fazer ajustes específicos nelas.
– Formule metas 'SMARTIES'. É comum que as metas sejam formuladas de forma vaga e pouco específica e este é um dos principais motivos pelo

qual elas acabam não se concretizando. Para aumentar a probabilidade da organização ser bem-sucedida, sugerimos que use metas 'SMARTIES', cujo método será descrito mais adiante.

– Pessoas chave desempenham o papel de modelos, ou seja, são exemplos das boas práticas. As pessoas aprendem bastante pela observação de modelos, o que é também denominado de 'aprendizagem vicária'. Ao observar os colegas ou pares realizando suas atividades profissionais de forma bem-sucedida, os colaboradores não os imitam simplesmente, eles aprendem o modo como elas são feitas por aqueles que percebem como modelos no trabalho e adaptam as ações que acreditam aumentar sua eficácia nas atividades, desse modo, incentivar a observação de modelos na organização, por meio de tutorias, ações de *mentoring* etc., são intervenções que podem gerar aprendizagem individual para os colaboradores.

– Estimular a reflexão pública sobre as ações realizadas pelos colaboradores, especialmente aquelas que foram bem-sucedidas. Em geral, as reuniões de equipe são realizadas para realizar ajustes e diminuir o número de erros, onde a liderança da organização pode estimular a troca entre os colaboradores das ações que geraram boas práticas e, também, resultados organizacionais específicos. Esta intervenção é importante para aumentar a confiança dos colaboradores em suas ações e encorajar o desempenho.

Todos estes elementos – o estabelecimento de metas e seus desdobramentos em submetas, a aprendizagem vicária e o estímulo à reflexão pública – podem ser incluídos em programas de desenvolvimento que tenham como objetivo o aumento da autoeficácia de seus colaboradores. O suporte organizacional se caracteriza como um recurso de trabalho crucial no processo de aprendizagem dos colaboradores, assim como o suporte social da liderança e dos colegas no desenvolvimento da autoeficácia.

Metas SMARTIES

É mais provável que uma organização alcance suas metas quando estas possuem oito qualidades:

Significativas: metas organizacionais devem ser úteis e relevantes para as ações práticas de seus colaboradores. Para ser tornarem significativas devem estar de acordo com seus valores pessoais, de modo que o colaborador sinta que são metas realmente importantes.

Mensuráveis: É importante que se possam determinar indicadores para avaliar quando e como uma meta (ou submeta) é atingida, mesmo que parcialmente.

Acuradas: A objetividade da meta é um elemento fundamental para aqueles que devem alcançá-la. Metas acuradas auxiliam a entender quais recursos de trabalho são importantes e quais exigências do trabalho precisam ser ajustadas.

Realísticas: Metas precisam ser factíveis, por isso é fundamental que sejam analisados os fatores críticos do processo de trabalho quanto a pontos fortes e fracos dos recursos internos da organização, juntamente com as oportunidades do negócio no setor e as ameaças que serão enfrentadas no mercado.

Temporalizadas: É importante que as pessoas saibam quando cada passo será dado para as metas serem alcançadas. A combinação das metas entre setores é fundamental para uma ação coordenada no tempo, o que aumenta a probabilidade de sucesso.

Inspiradoras: Metas precisam sinalizar desafios e inspirar as pessoas, o que significa que elas não devem ser difíceis demais nem muito fáceis; por isso, desafio deve ser suficiente para fazer com que as pessoas se estimulem a superar obstáculos e desenvolver novas capacidades para alcançar os resultados esperados.

Específicas: Metas devem ser claras e objetivas, no sentido de expressar de forma concreta o conjunto de comportamento ou de resultados que são esperados. Em geral, as metas mais específicas são aquelas que podem ser quantificadas, como medidas de produtividade (X produtos em Y dia/horas de trabalho) ou de valor agregado (X% de retorno no investimento).

Socializáveis: As metas pessoais dos colaboradores devem ser consideradas porque são importantes para seu engajamento no trabalho e, consequentemente, na realização das metas organizacionais e a participação dos colaboradores no planejamento de metas organizacionais pode ser crucial para tornar sua execução relevante para a prática profissional.

Recomendação 8: **Fortaleça os laços entre os membros de sua equipe**

No Capítulo 2, argumentamos que a atmosfera positiva e o espírito de equipe são importantes para que os colaboradores se engajem no trabalho; um clima organizacional positivo, portanto, é fundamental para promover o engajamento dos colaboradores, logo, a organização e seus gestores devem intervir no ambiente de trabalho de forma decisiva e tais intervenções podem ser planejadas para:

— Elaborar ou manter regras claras sobre atitudes respeitosas e comportamento apropriado no local de trabalho; tais regras devem ser comunicadas com transparência para os colaboradores, por exemplo: é preciso ser rigoroso em não tolerar comportamentos de assédio moral ou sexual na organização, e, ao mesmo tempo, enfatizar ações que demonstrem abertura, respeito à diversidade e boa-vontade nas relações entre os colaboradores. Evidenciando tais posicionamentos com clareza, a organização moldará expectativas mútuas e fortalecerá os relacionamentos interpessoais positivos.

— A liderança pode contribuir de forma significativa para a formação de um espírito de equipe positivo onde o líder atua como um modelo, inclusive quanto ao modo de abordar as pessoas e à condução das ações que afetam as relações interpessoais no grupo.

— Para os colaboradores que trabalham de forma externa, autônoma ou independente na organização é importante a criação de oportunidades suficientes para manter o contato social. Discutir seu trabalho, consultar os colegas ou simplesmente passar algum tempo juntos são atividades que permitem que os colaboradores se sintam mais envolvidos com a equipe e a organização como um todo. Atividades relaxantes e de diversão também contribuem para a formação de espírito de equipe, tais como um *happy hour* mensal, almoço de confraternização no natal, caminhadas ou passeios coletivos. As comemorações na organização são recursos importantes, como vimos no Capítulo 3, no entanto, é fundamental que os gestores se assegurem de que seus colaboradores estejam realmente envolvidos nessas atividades, já que, quando eles o fazem por obrigação ou se apenas um grupo seleto participa, corre-se o risco de fragmentação da equipe em subgrupos que, possivelmente, não influenciarão positivamente no engajamento dos colaboradores de forma global.

Evidentemente existem vários outros modos de fortalecer os laços sociais entre os membros da organização e, ao mesmo tempo, estabelecer um clima agradável de trabalho na equipe. Os gestores da organização (em seus diferentes níveis) deverão escolher qual o melhor procedimento, elaborando inclusive ações de intervenção positivas para aqueles que trabalham isoladamente ou de forma mais autônoma. É muito importante estimular o contato social na organização e criar ações de suporte social e de relacionamento interpessoal positivo nas equipes de trabalho.

4.2 Recomendações para os colaboradores

As recomendações deste capítulo são voltadas para a organização e sua equipe de executivos e gestores, entretanto, como demonstramos no Capítulo 3, os colaboradores também têm um papel decisivo no sucesso de intervenções elaboradas pela organização para elevar o engajamento no trabalho. Os gestores podem executar diversas intervenções, porém é importante enfatizar que elas só serão bem-sucedidas se houver aceitação e participação dos colaboradores, já que, quando não há entusiasmo ou valorização das ações organizacionais para elevar o engajamento, não é provável que elas se configurem em intervenções efetivas, por isso é fundamental a participação dos colaboradores na elaboração e execução de ações específicas que visem o aumento do engajamento no trabalho.

A participação dos colaboradores é obtida quando a organização estabelece uma relação de confiança com eles, sabendo ouvir suas considerações ao apresentar os objetivos a serem conquistados de forma conjunta. Cada um em seu papel, gestores e colaboradores poderão contribuir de modo particular para construir um ambiente de trabalho positivo e com alto nível de engajamento. Neste contexto, a comunicação entre as pessoas na organização é um elemento crucial para transmitir com clareza os objetivos planejados, para isso, é importante estabelecer intervenções que tragam benefícios tanto para a organização como para seus colaboradores. Não é o caso de se construir um sistema de comunicação em que as informações são repetidas exaustivamente para todos os níveis organizacionais, embora seja óbvio que todos precisam conhecer as intervenções que se pretende implantar na organização. O sistema de comunicação que for elaborado deve ter como princípio base que comentários, ideias e sugestões dos colaboradores sejam levados a sério, de tal modo que a discussão dessas contribuições seja um processo contínuo de aprendizagem na organização. Mesmo que alguns argumentos dos colaboradores possam ser interpretados como resistência às mudanças que se pretende implantar, nem sempre é assim (Hernandez & Caldas, 2001). Muitas vezes os colaboradores terem razão em suas críticas. Saber entender e valorizar as ideias e questionamentos emergentes significa interpretar adequadamente as colaborações das pessoas em relação às intervenções planejadas, analisando seu impacto para os resultados organizacionais e o engajamento no trabalho. Neste caso, saber ouvir pode significar se livrar de problemas futuros detectados por colaboradores engajados, os quais conhecem como ninguém sua atividade de trabalho, portanto, quando a organização estabelece uma relação de confiança e valorização da participação de seus colaboradores, estes entenderão a relevância e o benefício das mudanças que se pretende implantar e irão se esforçar para cooperar com o sucesso delas na organização.

Por outro lado, quando não há uma relação de confiança e a organização decide implantar intervenções para aumentar o engajamento, terá de considerar ações positivas para lidar com as resistências emergentes em seus colaboradores, um exemplo são as organizações altamente hierárquicas que devem ter atenção redobrada a este aspecto, especialmente pelo costume de implantar mudanças *top-down* em que os colaboradores são levados a agir de certo modo porque é a regra e não porque entendem e compartilham da relevância e valor da intervenção para suas atividades, o ambiente de trabalho ou a organização. Ainda é preciso estar atento para os colaboradores cujos tipos de atividades os tornam 'invisíveis' na organização, como, por exemplo: prestadores de serviço externos ou colaboradores que atuam com clientes, pois é muito importante que tais colaboradores sejam envolvidos e ouvidos tanto quanto aqueles que atuam em funções mais integradas na estrutura física da organização.

O modelo proposto pelo psicólogo Kurt Lewin pode ser uma ferramenta útil para evidenciar aspectos importantes no processo de mudança organizacional, facilitando a promoção do engajamento no trabalho. Ele descreve três etapas neste processo:

– O 'quebra-gelo' da situação vigente.
– A mudança da situação vigente.
– A consolidação da nova situação.

Muitas organizações pulam a primeira etapa porque estão excessivamente entusiasmadas ou porque querem que a mudança ocorra rapidamente e as outras duas intervenções são introduzidas de modo imediatista e, com isso, os colaboradores não têm tempo suficiente para entender, analisar ou contribuir para as mudanças que se pretende implantar, consequentemente, resistências e críticas podem começar a surgir porque não há um cuidado maior com esta etapa inicial. É importante informar os objetivos aos colaboradores e aprofundar com eles sua participação nessas mudanças, inicialmente obtendo ideias, impressões e sugestões e, ao discutir o assunto e demonstrar que a organização leva a sério as contribuições de seus colaboradores, isso fortalecerá a relação de confiança, além do engajamento, e aumentará a probabilidade de sucesso das intervenções planejadas na organização. Durante o processo de mudança, o aumento e especificação da participação dos colaboradores é um elemento crucial para a consolidação da nova situação que se pretende obter na organização, se a organização estabelece um processo de aprendizagem contínuo, investindo no desenvolvimento e na saúde de seus colaboradores, tais mudanças serão observadas como positivas no seu decorrer e os colaboradores optarão por manter aquelas intervenções que elevam a sensação de bem-estar no trabalho, engajando-se em ações que irão consolidar a mudança, por isso, é essencial que a organização estabeleça canais de comunicação produtivos com seus colaboradores, inclusive para que eles possam avaliar intervenções que foram implantadas.

5 A ESPIRAL POSITIVA

Como se pôde perceber ao longo deste livro, especialmente nos capítulos 3 e 4, existem várias maneiras de elevar o engajamento no trabalho. Você também aprendeu que ações e intervenções positivas podem ser realizadas pelas pessoas, grupos, gestores ou organização, porém, algumas pessoas podem considerar as recomendações descritas nos capítulos como interessantes e divertidas, mas acreditar que no médio ou longo prazo elas não surtirão maiores efeitos, ou seja, em algumas semanas, tudo voltará a ser como era antes. Evidentemente, a probabilidade de voltar à 'estaca zero' ou de ocorrer uma diminuição significativa de seu efeito em relação ao engajamento no trabalho existe. Neste capítulo procuramos demonstrar como fazer para que este não seja o caso.

5.1 Intervenções que visam o bem-estar e o desenvolvimento humano no trabalho

Intervenções que aumentam o engajamento no trabalho frequentemente duram mais do que as reações de curto prazo. Uma vez iniciado, o engajamento se perpetua na medida em que as pessoas atribuem um significado diferenciado ao trabalho e sentem prazer no que realizam. Este movimento se mantém de forma contínua e crescente, como uma espiral positiva que produz aumento gradativo do engajamento no trabalho. Não é um movimento automático, porque depende de ações e intervenções como as que descrevemos nos capítulos anteriores. No entanto, se as intervenções forem bem planejadas e executadas de modo a gerar bem-estar e desenvolvimento humano no trabalho, a probabilidade de manter o engajamento elevado no trabalho é alta.

Como discutimos no Capítulo 3, a espiral positiva funciona a partir das emoções positivas vivenciadas pelas pessoas no trabalho, as quais lhes permitem ampliar seu repertório de ações e recursos aprendidos e explorar novas possibilidades tanto no que diz respeito ao desenvolvimento de capacidades pessoais como aos recursos de trabalho de que dispõe. Por isso, é fundamental que as intervenções realizadas na organização não enfatizem apenas os recursos pessoais de seus colaboradores, mas também deem atenção aos recursos de trabalho que sofrerão novos arranjos, serão adquiridos e/ou otimizados, deste modo, os colaboradores percebem que terão os recursos necessários e se estimulam a participar do processo de forma engajada.

Este é o modo pelo qual a espiral positiva se materializa. O aumento de recursos (do trabalho e individuais), em geral, conduz ao aumento do nível de engajamento; o qual produz resultados efetivos e positivos, que, por sua vez, faz com que o engajamento aumente, juntamente com satisfação, motivação e clima positivo no trabalho. Para ser uma espiral positiva, gestores e organização devem estar atentos e contar com a participação de seus colaboradores na avaliação das ações realizadas e do impacto no ambiente de trabalho, especialmente no que diz respeito ao nível das exigências no trabalho. Pesquisas com dentistas na Holanda demonstraram, por exemplo, que o engajamento deles conduziu ao aumento da frequência de uso de novos materiais e de técnicas inovadoras e, por causa dessas iniciativas e inovações propostas, eles aprenderam novas habilidades e se desenvolveram. Além disso, foram feitos investimentos naquelas ações que trouxeram melhores resultados e este conjunto de ações e intervenções fez com que o engajamento no trabalho aumentasse, o que incentivou os colaboradores a planejarem outras iniciativas, assumindo uma postura inovadora no trabalho e, consequentemente, desenvolvendo novas capacidades e habilidades importantes para sua atuação profissional neste contexto.

A Figura 7 ilustra como esta espiral funciona: a premissa básica é que quando uma ação ou intervenção faz com que o engajamento da pessoa aumente, isso ocorre não apenas para uma situação imediata, mas também traz benefícios para sua atuação futura. Depende do quanto a organização e o processo de trabalho também se otimizaram neste período. Em função da espiral positiva, portanto, é possível fortalecer o engajamento inicial dos colaboradores no médio e longo prazo, desde que organização, gestores e colaboradores trabalhem com foco no investimento para o desenvolvimento humano e o aumento do bem-estar no trabalho.

Figura 7. A espiral positiva.

No que diz respeito ao engajamento no trabalho, as pessoas por si próprias têm um papel ativo na sua obtenção, manutenção e expansão, não apenas os colaboradores em sua atuação como profissionais, mas também os gestores e executivos da organização no planejamento de ações e intervenções que impactem positivamente no processo de trabalho de seus funcionários. No entanto, é necessário que cada um tenha a iniciativa individual de buscar engajamento nas ações para as quais a pessoa atribui significado positivo, desenvolvendo atitudes e comportamentos que gerem bem-estar e desenvolvimento humano no trabalho; mantendo o foco naquilo que promove o engajamento nas pessoas é possível aumentar seu nível nas atividades de trabalho e mantê-lo elevado no médio e longo prazo.

5.2 O contágio emocional

O processo básico que permite a manutenção do engajamento a médio e longo prazos não ocorre principalmente no nível individual, como descrevemos na espiral positiva, além da espiral, o processo mais significativo para o engajamento no trabalho ocorre no nível coletivo das relações interpessoais entre equipes, entre colegas, com seus gestores e com os executivos da organização, e a ele chamamos 'contágio emocional'.

Dificilmente uma pessoa trabalha sozinha, mesmo quando tem funções externas ou está alocada fora da matriz/filial da organização, a maioria atua em colaboração e/ou se remete a uma equipe de trabalho de algum tipo. Cada colaborador pode ter tarefas individuais, porém todos têm que coordenar seu trabalho com os da equipe para que as atividades se complementem e expressem os resultados obtidos. As pessoas são sempre parte de alguma equipe de trabalho, que está conectada a algum setor, departamento ou função dentro da organização; atuar em equipe, frequentemente, significa se comunicar com colegas e ser afetado por aquilo que os motiva e os entusiasma no trabalho, o que pode fazer com que você se sinta mais otimista, motivado ou entusiasmado com o trabalho, de modo geral. Pesquisas têm demonstrado de modo consistente que as pessoas contagiam umas às outras com suas emoções sem que se deem conta, por meio de expressões faciais, tom de voz e linguagem corporal que acabam sendo compartilhadas por colegas quando estão interagindo. Quando sua linguagem corporal se modifica, o cérebro ajusta seu estado mental para se compatibilizar com a nova expressão adotada pelo corpo, como apresentou pesquisas com professores de música que demonstram que estes influenciam seus alunos em relação às músicas com que mais se entusiasmam pelo modo como o professor é absorvido por elas e expressa corporalmente o *flow* que esta experiência positiva lhe proporciona (Bakker, 2005).

O contágio emocional também funciona de outros modos: por exemplo, quando você está em companhia de pessoas estressadas ou apavoradas é mais provável que você assuma o estado de humor delas, se tornando mais estressado ou com medo de algo sem compreender bem do quê. É possível que pessoas com síndrome de *burnout* influenciem seus colegas pelos sentimentos de exaustão e despersonalização que vivenciam, esta é mais uma razão pela qual as organizações devem estar atentas às ações preventivas do *distress* e de promoção de saúde no ambiente de trabalho. Por outro lado, pesquisas demonstram que é mais comum o contágio de emoções positivas do que de emoções negativas, o que significa que é provável que as pessoas reproduzam mimeticamente uma gargalhada ou um bocejo descontraído do que um olhar mal-humorado, portanto, a chance de um colaborador engajado influenciar seus colegas é maior do que a de um colaborador desmotivado. Através do contágio emocional positivo, o engajamento no trabalho pode se espalhar rapidamente na equipe ou no setor de trabalho, especialmente quando as atividades são desenvolvidas de modo cooperativo e a comunicação flui sem ruídos ou problemas, no entanto, vale mencionar que algumas pessoas parecem ser mais suscetíveis a este contágio, particularmente aquelas que costumam se comparar com seus colegas ou que têm o hábito de avaliar como seus sentimentos e atitudes são afetadas pelas emoções expressadas pelos colegas de trabalho.

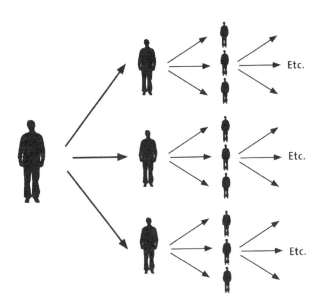

Figura 8. O contágio emocional do engajamento no trabalho.

Gestores podem usar o princípio do contágio emocional com o objetivo de aumentar o espírito de time em sua equipe de trabalho ao expressarem sentimentos positivos e de engajamento quando estão se comunicando com seus colaboradores, visto que pesquisas sustentam evidências de que os gestores influenciam no engajamento (e o estado de humor) de seus colaboradores tanto positiva como negativamente. Observar ações injustas, pouco verdadeiras, nada confiáveis ou agressivas em seu gestor evoca sentimentos negativos na equipe de trabalho e até mesmo em outros setores, mesmo que tais atitudes ou comportamento não sejam diretamente relacionadas a seus membros. Significa dizer que o modo como o gestor age ou expressa seus sentimentos é crucial para o tipo de contágio emocional que se expressará nos colaboradores, o que pode se caracterizar como um estímulo positivo ou negativo para o engajamento no trabalho ou para síndromes, como a de *burnout,* por exemplo.

O processo de contágio emocional apresenta sérias consequências para desempenho, produtividade e saúde no trabalho. Uma pesquisa com funcionários do setor de atendimento ao cliente em um banco demonstrou que as emoções positivas destes colaboradores contagiaram seus clientes, que consideraram que a qualidade do serviço aumentou pela atitude do funcionário no atendimento e passaram a privilegiar a organização em suas transações financeiras, elevando sua lealdade com a marca da empresa. Este tipo de contágio emocional também pode ser observado no estudo realizado com equipes de trabalho em restaurantes na Espanha, que foi discutido no Capítulo 2, onde o engajamento dos colaboradores e da equipe apresentou efeito positivo na percepção dos clientes quanto à qualidade do serviço prestado, o que resultou no retorno mais frequente dos clientes ao restaurante. Além disso, observa-se que os membros da equipe cooperam mais quando há contágio emocional positivo em suas atividades no trabalho. O clima organizacional nos restaurantes em que a equipe está mais engajada flui mais, particularmente porque seus membros estimulam-se uns aos outros no sentido de prestar um atendimento melhor e mais prazeroso para o cliente e o colaborador. Também foi observado que os locais em o gestor atuou como uma liderança de maior apoio aos seus colaboradores, o engajamento no trabalho era mais elevado.

Concluindo, podemos observar que a manutenção do nível de engajamento elevado no médio e longo prazo é um elemento importante na análise das ações organizacionais. Não é necessário que se elaborem novas intervenções o tempo todo, o que é fundamental é que a organização perceba quais fatores são essenciais para que a espiral positiva e o contágio emocional mantenham o clima positivo no trabalho, fortalecendo o engajamento de seus colaboradores. Para manter esse processo em funcionamento, a organização precisa estimular a participação de seus colaboradores, respeitar as considerações e avaliações deles e investir nos recursos de trabalho necessários e efetivos.

Um estudo brasileiro sobre características psicológicas positivas e desempenho no trabalho apresenta dados importantes para o entendimento desse processo de engajamento. Lucas, Natividade e Hutz (2012) pesquisaram 194 funcionários que atuavam no atendimento ao cliente em seis empresas privadas na cidade de Porto Alegre, no Brasil. Os autores analisaram esperança, otimismo e criatividade, verificando quais fatores se apresentavam como preditores do desempenho no trabalho e concluíram que a esperança foi o fator preditivo mais significativo em relação às dimensões do desempenho avaliadas na pesquisa, o que significa que os colaboradores mais esperançosos se engajam em suas atividades de trabalho, estabelecendo metas e rotas pessoais que podem agenciar para obter os resultados esperados (Pacico, Zanon, Bastianello & Hutz, 2011). A esperança produz, portanto, um estado emocional que direciona as ações dos colaboradores para o futuro e parece ser um elemento importante na espiral positiva que apresentamos anteriormente. Além disso, Lucas, Natividade e Hutz (2012) também demonstraram que pessoas otimistas apresentam maior autoconfiança e engajamento em soluções inovadoras e pró-ativas, sendo um preditor de desenvolvimento técnico. Disseminar um clima positivo por contágio emocional pode, portanto, aumentar a probabilidade de estimular colaboradores otimistas a se engajarem em seu desenvolvimento profissional para elevar suas capacidades técnicas e profissionais, aumentando a qualidade do seu desempenho no trabalho. Este fator também é influenciado pelo incremento da criatividade no trabalho na medida em que a organização investe em um ambiente rico na diversidade, na possibilidade de participação dos funcionários, na associação de novas ideias para soluções ou na ponderação de consequências das ações e intervenções planejadas.

De tudo o que foi dito até aqui, observamos que os recursos de trabalho em que a organização investe têm maior probabilidade de se desdobrar em resultados efetivos na medida em que os recursos e capacidades das pessoas forem sendo desenvolvidos e o bem-estar no trabalho se elevar. Em tempos de crise e de cortes orçamentários, as organizações que investem em seus colaboradores e contam com seu engajamento são mais competitivas não apenas por serem mais produtivas, mas principalmente pela qualidade diferenciada nos serviços e produtos que oferecem.

REFERÊNCIAS[1]

Albrecht, S. (Ed.) (2010). *The handbook of employee engagement: Perspectives, issues, research and practice.* Northampton, MA: Edwin Elgar.

Almeida, S.O., Mazzon, J.A., Dhalakia, U., Muller-Neto, H.F. (2011). Os efeitos da participação em comunidades virtuais de marca no comportamento do consumidor: Proposição e teste de um modelo teórico. *Revista de Administração Contemporânea*, 15(3), pp.336-391.

Bardagi, M. P., Boff, R. M. (2010). Autoconceito, autoeficácia profissional e comportamento exploratório em universitários concluintes. *Revista Avaliação*, 15(1), pp.41-49.

Bardagi, M. P. , Hutz, C. S. (2010). Satisfação de vida, comprometimento com a carreira e a exploração vocacional em estudantes universitários. *Arquivos Brasileiros de Psicologia*, 62(1), pp. 159-170.

Bakker, A.B. (2005). Flow among music teachers and their students: The crossover of peak experiences. *Journal of Vocational Behavior, 66(1),* 26-44.

Bakker, A.B., Demerouti, E., Schaufeli, W.B. (2005). The crossover of burnout and work engagement among working couples. *Human Relations, 58(5)*, 661-689.

Bakker, A.B., Van Emmerik, H., & Eeuwema, M.C. (2006). Crossover of burnout and engagement in work teams. *Work and Occupations, 33(4),* 464-489.

---

[1] Outras publicações científicas sobre engajamento no trabalho podem ser obtidas em http://www.schaufeli.com/.

Bakker, A.B., Hakanen, J.J., Demerouti, E., & Xanthopoulou, D. (2007). Job resources boost work engagement, particularly when job demands are high. *Journal of Educational Psychology, 99(2),* 274-284.

Bakker, A.B. & Leiter, M.P. (Eds.)(2010). *Work engagement: A handbook of essential theory and research.* New York: Psychology Press.

Bakker, A.B., & Schaufeli, W.B. (2000). Burnout contagion processes among teachers. *Journal of Applied Social Psychology, 30(11),* 2289-2308.

Bakker, A.B., Schaufeli, W.B., Sixma, H.J., Bosveld, W., & Van Dierendonck, D. (2000). Patient demands, lack of reciprocity, and burnout: A five-year longitudinal study among general practitioners. *Journal of Organizational Behavior, 21(4),* 425-441.

Borges, L. O. (2005). *Profissionais e saúde no trabalho.* São Paulo: Casa do Psicólogo.

Borges, L.O., Alves-Filho, A., Tamayo, A. (2008). Motivação e significado do trabalho. Em: Siqueira, M.M.M. (org). *Medidas do Comportamento Organizacional*, pp.215-248. Porto Alegre: Artmed.

Carlotto, M.S., Palazzo, L.S. (2006). Síndrome de *burnout* e fatores associados: Um estudo epidemiológico com professores. *Cadernos de Saúde Pública*, 22(5), pp.1017-1026.

Chan, D.W. (2010). Gratitude, gratitude intervention and subjective well-being among Chinese school teachers in Hong Kong. *Educational Psychology*, *30(2)*, 139-153.

Caluwe, L., & Vermaak, H. (2006). *Leren veranderen.* [Learning how to change] Deventer: Kluwer.

Costa, F.M, .& Bastos, A.V.B. (2009). Múltiplos comprometimentos no trabalho: Um estudo entre trabalhadores de organizações agrícolas do polo de floricultura irrigada de Juazeiro/Petrolina. *Revista de Administração da Universidade Federal de Santa Maria*, 2(2), pp. 280-297.

Csikszentmihalyi, M. (1992). Creativity. New York: Harper Collins.

DiBlasio, F.A. (1998). The use of decision-based forgiveness intervention within intergenerational family therapy. *Journal of Family Therapy, 20(1)*, 77-94.

Dijkstra, P., & Mulder, G.J. (2009). *Overleven in relaties*. [Surviving in relationships] Amsterdam: Bert Bakker.

Eagly, A., Johannensen-Schmidt, M., & Van Engen, M. (2003). Transformational, transactional, and laissez-faire leadership styles: A meta-analysis comparing women and men. *Psychological Bulletin, 129(4)*, 569-591.

Emmons, R.A., & McCullough, M.E. (2003). Counting blessings versus burdens: An experimental investigation of gratitude and subjective well-being in daily life'. *Journal of Personality* and *Social Psychology, 84(2)*, 377-389.

Fredrickson, B.L. (1998). What good are positive emotions? R*eview of General Psychology, 2(3),* 300-319.

Fredrickson, B.L., & Branigan, C. (2005). Positive emotions broaden the scope of attention and thought-action repertoires. *Cognition and Emotion, 19(3)*, 313-332.

Garnefski, N., & Kraaij, V. (2007). The Cognitive Emotion Regulation Questionnaire: Psychometric features and prospective relationships with depression and anxiety in adults. *European Journal of Psychological Assessment, 23(3)*, 141-149.

Giacomoni, C., & Hutz, C.S. (2009). Psicologia positiva: uma nova perspectiva em saúde. Em: Ana Cristina Garcia Dias (org). *Psicologia e Saúde*: Pesquisas e reflexões, pp. 161-176. Santa Maria: Editora da Universidade Federal de Santa Maria.

Gonzaga, G.M., Menezes-Filho, N.A., & Camargo, J.M. (2003). Os efeitos da redução da jornada de trabalho de 48 horas para 44 horas semanais em 1988. *Revista Brasileira de Economia,* 57(2), pp.369-400.

Gudolle, L.S., Antonello, C.S., & Flach, L. (2011). Aprendizagem situada, participação e legitimidade nas práticas de trabalho. Revista de Administração Mackenzie, 13(1), pp.14-39.

Halbesleben, J.R.B., & Wheeler, A.R. (2008). The relative roles of engagement and embeddedness in predicting job performance and intention to leave. *Work & Stress, 22(3),* 242-256.

Hernandez, J.M.C., & Caldas, M.P. (2001). Resistência à mudança: Uma revisão crítica. *Revista de Administração de Empresas*, 41(2), pp.31-45.

Hoorens, V. (2000). Self-favoring biases, self-presentation, and the self-other asymmetry in social comparison. *Journal of Personality, 63(4)*, 793-817.

Lange, A., Richard, R., Gest, A., de Vries, M., & Lodder, L. (1998). The effects of positive self-instruction: A controlled trial. *Cognitive Therapy and Research, 22(3),* 225-236.

Lucas, L.L., Natividade, J.C., & Hutz, C.S. (2012). Relações entre criatividade, esperança, otimismo e desempenho profissional. *Artigo Submetido.*

Nunes, M.F.O. (2008). Funcionamento e desenvolvimento das crenças de autoeficácia: Uma revisão. Revista Brasileira de Orientação Profissional, 9(1), pp.29-42.

Pacico, J.C., Zanon, C., Bastianelo, M.R., & Hutz, C.S. (2011). Adaptation, validation and correlations of adult dispositional hope scale for Brazilians. *Reflexão e Crítica*, 24(4), pp.656-670.

Pina, J.A., & Stotz, E.N. (2011). Participação nos lucros ou resultados e bando de horas: Intensidade do trabalho e desgaste operário. *Revista Brasileira de Saúde Ocupacional*, 36 (123), pp.162-176.

Reppold, C.T., Mayer, J.C., Almeida, L.S., & Hutz, C.S. (2012). Avaliação da resiliência: Controvérsia em torno do uso das escalas. *Psicologia: Reflexão e Crítica*, 25(2), 203-210.

Salanova, M., Schaufeli, W.B., Xanthoupoulou, D. & Bakker, A.B. (2010). Gain spirals of resources and work engagement. In A.B. Bakker & M.P. Leiter (Eds.), *Work engagement: A handbook of essential theory and research* (pp. 118-131). New York: Psychology Press.

Salanova, M., Agut, S., & Peiró, J.M. (2005). Linking organizational resources and work engagement to employee performance and customer loyalty: The mediation of service climate. *Journal of Applied Psychology, 90(6)*, 1217-1227.

Schaufeli, W.B., Bakker, A.B. & Salanova, M. (2006). The measurement of work engagement with a short questionnaire: A cross-national study. *Educational and Psychological Measurement, 66 (5),* 701-716.

Schaufeli, W.B., Martínez, I.M., Marques Pinto, A., Salanova, M., & Bakker, A.B. (2002).

Burnout and engagement in university students: A cross-national study. *Journal of Cross-Cultural Psychology, 33(5),* 464-481.

Schaufeli, W.B., & Salanova, M. (2008). Enhancing work engagement through the management of human resources. K. Näswall, J. Hellgren & M. Sverke (eds.). *The Individual in the Changing Working Life* (pp. 380-402). Cambridge: Cambridge University Press.

Schaufeli, W.B. & Salanova, M. (2010). How to improve work engagement?. In: S. Albrecht (ed.). *The handbook of employee engagement: Perspectives, issues, research and practice* (pp. 399-415). Northampton, MA: Edwin Elgar.

Schaufeli, W.B., Taris, T., & Van Rhenen. (2008). Workaholism, burnout, and work engagement: Three of a kind or three different kinds of employee well-being? *Applied Psychology: An International Review*, *57(2)*, 173-203.

Schaufeli, W.B., Taris, T. W. & Bakker, A.B. (2008). It takes two to tango. Workaholism is working excessively and working compulsively. In: R.J. Burke & C.L. Cooper, The *long work hours culture. Causes, consequences and choices* (pp. 203-226). Bingley U.K.

Schwartz, C.E., Keyl, P.M., Marcum, J.P., & Bode, R. (2009). Helping others shows differential benefits on health and well-being for male and female teens. *Journal of Happiness Studies, 10(4),* 431-448.

Siu, O., Spector, P., Cooper, C.K. L, Lu, C. (2005). Work stress, self-efficacy, Chinese work values, and work well-being in Hong Kong and Beijing. *International Journal of Stress Management*, 12(3), 274-288.

Smulders, P.G.W. (2006). De bevlogenheid van werknemers gemeten. [Measuring work engagement]. *TNO special.*

Tamayo, A. (2007). Contribuições ao estudo dos valores pessoais, laborais e organizacionais no trabalho. *Psicologia: Teoria e Pesquisa*, 23 (ed. Especial), pp.17-24.

Van Meer, R. (1997). *Overspannen door je baas.* [Burnout because of your boss] Utrecht: Kosmos.

Vegian, C.F.L., Monteiro, M.I. (2011). Condições de vida e trabalho de profissionais de um serviços de atendimento móvel de urgência. *Revista Latino-Americana de Enfermagem*, 19(4), disponível em: www.eerp.usp.br/rlae.

Zanelli, J.C. (2010). *Estresse nas organizações de trabalho.* Compreensão e Intervenção baseada em evidências. Porto Alegre: Artmed.

Impresso por :

gráfica e editora
Tel.:11 2769-9056